Union with Christ
그리스도와의 연합

그리스도와의 연합

Learning about Union with Christ

스튜어트 딘넨 | 김승민

한국WEC국제선교회
코람데오

머리말

'그리스도와의 연합'이라는 놀라운 주제는 오랫동안 내 마음 속에 있었다. 처음에 나는 노먼 그럽(Norman Grubb)의 사역과 저서를 통해 이러한 연합이라는 주제에 눈을 뜨게 되었는데, 그는 WEC국제선교회를 창립한 C.T. 스터드(C.T. Studd)의 뒤를 이어 WEC국제선교회를 발전시키는 데 하나님께 쓰임을 받은 인물이었다. 선교에 막 들어선 풋내기 일꾼인 나와 아내를 걱정한 그는 우리를 웨일즈에 있는 스완지 지역으로 보내어 강력한 중보기도의 사람인 리즈 하월스(Rees Howells)의 가르침을 받도록 했는데, 아마도 우리의 영적인 필요를 감지했기 때문이었을 것이다. 결과적으로 리즈는 우리의 삶에 지대한 영향을 끼쳤다.

하나님께서 우리를 당신과의 더 깊은 동행으로 이끄시기 위해 사용하셨던 세 번째 인물은 테드 헤그리(Ted Hegre)이다. 그는 미네아폴리스에 있는 베다니 선교회(Bethany Fellowship)의 설립자이자 리더인데, 그의 저서 『The Message of the Cross』는 영성에 대한 고전이다.

위의 세 분을 익히 알고 있는 독자들은 본 저서에 묻어 있는 이분들의 영향을 쉽게 알아챌 수 있을 것이다. 깊이 감사 드리며 이 지면에서 이를 밝힌다.

이렇게 얻어진 그리스도와의 연합에 대한 통찰력은 사역을 준비하고 있는 청년들을 훈련시키는 데 다방면으로 사용되었다. 하지만, 이것은 대학 기숙사에서 함께 거주하는 50, 60, 혹은 70명 가량의 학생들과 동료 직원들이 지켜보는 가운데 검토되면서 실제 그리스도인의 삶에 맞도록 다듬어지는 과정을 거쳤다.

처음 우리가 주님과의 연합에 대한 가르침에 눈을 뜬 후, 수년이 흐른 지금 이 가르침이 단조롭고 지루했던 평범한 그리스도인의 경험에서 벗어나서, 모험적이고 신나고 완전히 만족스러운 생활 방식으로 우리를 자유케 해주었다는 것을 나는 전적으로 확신하는 바이다.

스튜어트 딘넨(Stewart Dinnen),
타즈매니아의 론세스턴에서
1999년 7월

추천의 글 1

　우리가 예수를 믿을 때 우리는 그리스도와 영원히 연합되어 그분의 모든 것 곧 죽으심, 부활, 승천 그리고 다스리심에 이르기까지 함께 하게 된다. 아담 한 사람 안에 모든 인류가 함께 연합되어 있어서 함께 타락하여 모든 운명을 공유하게 된 것 같이 우리가 그리스도 예수를 믿을 때 그분과 연합하여 공동 운명체가 되어 그분의 모든 것, 곧 삶과 죽음, 고통과 영광을 공유하게 되는 것이며 구원과 영광이 주어진다.

　이 그리스도와의 연합을 통해 주의 은택의 공급하심을 받아 자라가면서 죄의 구속하는 강한 힘으로부터 자유함을 얻게 되고, 율법의 남아 있는 영향력과 세상의 통제로부터도 자유함을 누리게 된다. 이 위대하고 영광스러운 그리스도와의 연합이라는 주제는 청교도들이 가장 사랑하던 진리 가운데 하나였으나 오늘날 많이 잊혀져 있는 가르침이다.

　이 작은 책은 국제 선교 단체인 WEC의 5대 총재였던 저자가 자신과 다른 사람들의 실제 경험담을 소개하면서 성경과 함께 이 중요한 주제를 다시 부각시켜 주목하게 하고 있다. 성도들은 그리스도와의 연합을 통하여 자라가고 그리스도는 우리로 성도로서 합당하게 살아 갈 수 있도록 그분의 충만함을 공급해 주시며 또한 우리를 통해 그분의 삶이 흘러나가서 다른 사람들에게 축복이 되게 하신다.

그리스도와의 연합을 통해 성도들이 삶에서 직면하게 되는 각종 싸움에서 이길 힘을 공급받고 승리하는 삶의 능력에 참여하게 된다. 보편적인 연약을 호소하는 오늘 같은 시대에 이 작은 책자가 다루는 이 귀한 진리가 성도와 교회를 그리스도의 능력 안에서 능하게 하고 거룩하고 성결한 주의 군병으로 다시 세우는 좋은 도구로 사용되기를 기대하고 적극 추천한다.

화종부 목사
(남서울교회, 한국WEC국제선교회 이사장)

추천의 글 2
놀라운 영적 비밀 〈그리스도와의 연합〉

　제가 거듭난 후 가장 크게 충격받은 것은 주 예수님을 구주로 영접한 이들은 십자가에서 그리스도 예수와 연합하여 죽었으며 부활의 주님과 연합하여 살게 되었다!(롬 6:3-4)는 것입니다.

　이것이 예수님을 믿는 것이라는 사실 앞에서 말할 수 없는 충격과 두려움마저 느꼈습니다. 실제로 주 예수님은 "나를 믿는 자는 내가 하는 일을 그도 할 것이요 또한 그보다 큰일도 하리니 이는 내가 아버지께로 감이라"(요 14:12) 하시고 "나는 포도나무요 너희는 가지라 그가 내 안에, 내가 그 안에 거하면 사람이 열매를 많이 맺나니……"(요 15:5)라고 말씀하셨습니다. 예수님과 제자들이 한 몸이라는 것입니다.

　성경이 이처럼 예수님과 그리스도인이 연합한 것을 강조한 것은 모든 종교 중에 독특한 것입니다. 불자는 부처와 한 몸이라고 말하지 않습니다. 유교 신자도 공자가 자신 안에 있다고 말하지 않으며, 이슬람 신자도 마호메트와 연　합하였다고 말하지 않습니다. 그러나 우리 그리스도인은 예수님과 연합하였다고 겸손하면서 당당하게 말합니다.

이 복음은 제 영적인 눈을 완전히 새롭게 열어 주었습니다. 그동안 제가 믿었던 복음에 부족함이 있었음을 알게 되었고, 어려서부터 보아온 교회와 교인들의 변화되지 않는 삶의 문제가 어디서부터 잘못된 것인지 깨달아졌습니다.

그러나 저의 안타까움은 그리스도와의 연합이라는 놀라운 복음과 그 삶에 대하여 제대로 배우지 못하였다는 것입니다. 저에게 그 놀라운 진리를 가르쳐 주고 이끌어주는 사람이 없었습니다. 그래서 늘 드렸던 기도가 "주님이 직접 가르쳐 주세요!"였습니다.

감사하게도 주님께서 너무나 갈급해 하는 저를 불쌍히 여기셔서 상상할 수 없는 영적 은혜의 세계를 알게 해 주셨지만, 바닷가에서 막 배운 수영처럼 언제나 아쉬움이 많았습니다. 어느 하나 제대로 아는 것이 없어 다른 사람들에게 전할 때마다 늘 미안함이 많았습니다.

그런 의미에서 WEC 선교회의 전임 국제총재였던 스튜어트 딘넨의 이 책은 너무나 감사하고 소중한 책입니다. 이 책은 짧은 분량이지만 그 내용은 너무나 깊고 풍성합니다. 〈그리스도와의 연합〉이 무엇이며, 어떻게 누리게 되는지에 대하여 성경에 근거한 명확한 설명과 함께 자신과 WEC의 국제총재였던 노먼 그럽(Norman Grubb)을 비롯한 많은 선교사들의 삶의 실례를 통하여 읽는 자도 그리스도와의 연합을 살도록 도와주고 있습니다.

유기성 목사(선한목자교회)

추천의 글 3

　나는 WEC처럼 영성에 관심을 가진 한국 개신교 선교단체를 보지 못하였다. 그도 그럴 것이 다수의 선교단체는 신학적으로 보수적인 교단의 영향을 많이 받고 있는데, 한국의 보수적인 교단들은 영성이라는 표현을 달가와 하지 않는 것이 현실이다.

　그러나 이런 태도는 영성에 대한 오해에서 비롯된 것이다. WEC 한국본부 대표인 박경남 선교사와의 대화를 통해 나는 WEC의 영성에 대한 지대한 관심이 어디에서 비롯되었는지를 알게 되었다. 바로 설립자인 C.T. 스터드이다. WEC은 설립 초기부터 C.T. 스터드를 비롯한 리더들이 "그리스도와의 연합"을 선교공동체의 모토로 삼았던 것이다.

　'하나님과의 연합' 또는 '그리스도와의 연합'은 기독교 영성의 토대를 이루는 신앙고백이자 영적 경험의 기반이다. 성경은 곳곳에서 이 '연합'의 본질에 대하여 증언하고 있다. 대표적인 본문이 요한복음 17장 21절이다: "아버지여, 아버지께서 내 안에, 내가 아버지 안에 있는 것 같이 그들도 다 하나가 되어 우리 안에 있게 하사 세상으로 아버지께서 나를 보내신 것을 믿게 하옵소서." 예수님은 이 '대제사장적 기도'에서 성부와 성자의 하나됨 즉 연합에 대하여 증언할 뿐만 아니라, 하나님과 '우리' 즉 하나님의 자녀 사이의 연합의 필요성을 강조하신다. 기독교인은 성령 안에서 이 '하나님과의 연합' 또는 '그리스도와의 연합'을 믿게 되고 경험하게 된다. 이 경험이 영성생활을 지속할 힘을 공급해준다.

WEC의 5대 국제총재인 스튜어트 딘넨은 이 책, 〈그리스도와의 연합〉에서 '그리스도와의 연합'의 경험을 성경과 선교현장의 경험을 바탕으로 잘 설명해주고 있다. 기독교인이 그리스도의 죽음에 연합된 것을 믿음으로 인식할 때 죄와 유혹으로부터의 자유를 경험할 수 있고, 그리스도의 부활에 연합된 것을 믿음으로 인식할 때 부활 생명에 기인한 성령의 열매와 성령의 은사를 경험할 수 있으며, 그리스도의 승천과 왕 되심에 연합된 것을 믿음으로 인식할 때, 사탄과의 영적 전쟁에서 승리할 수 있다고 주장하였다. 그리고 이러한 영적 경험들을 여는 통로는 바로 기도이다.

이 책은 기독교영성의 본질과 선교 동력의 관계를 잘 설명하고 있을 뿐만 아니라, 일상에서 또는 사역의 현장에서 영적 성장 및 영적 전쟁 승리의 비결을 알고 싶은 기독교인에게 큰 도움이 될 것이다.

이강학 교수
(횃불트리니티 신학대학원대학교, 실천신학/기독교영성)

한국어판 서문

　선교지에서의 성패는 선교사의 영적 강건함과 직결된다. 특히, 타문화에서 오는 극심한 스트레스와 자존감의 근간이 없어지는 상황 속에서 결국 '나는 누구인가?' 하는 질문에 부딪히게 된다. 많은 경우에 사역이나, 영적 행위의 기준을 세우고 지키려는 노력이나, 기타 다양한 삶의 방식을 추구해서 자신의 정체성을 찾으려고 시도한다. 하지만 이런 노력은 오히려 선교지에서의 탈진을 유발하기 십상이다. 이 책에서 저자인 스튜어트 딘넨은 그리스도인의 정체성의 핵심은 요한복음 15장, 갈라디아서 2장 20절, 골로새서 3장 1절-3절에 나타나는 그리스도와의 연합함에 있음을 다양한 경험담을 통하여 우리에게 보여 주고 있다.

　사실 개인적으로 '그리스도와의 연합'이라는 주제는 오랫동안 우리 마음 속의 숙제와 같은 것이었다. 신앙배경은 달랐지만 우리 부부는 같은 고민이 있었다. 모태신앙으로 태어났고 예수님을 인격적으로 깊이 만났음에도 생각과 말과 행동이 일치되지 않는 모습, 뒤늦게 시작한 신앙 생활로 인해 틈만 나면 자아가 튀어 나오는 삶의 모습은 마음 속의 짐이 되었다. 우리는 '어떻게 예수 그리스도를 닮을 수 있는가?' 하는 갈망이 커져가던 중에 각각 수련회와 WEC의 세미나에 참석 중 갈라디아서 2장 20절 말씀으로 이 주제를 조금씩 깨닫게 되었다. 이 경험은 우리 마음의 빛을 비추었고 신앙의 전환점을 만들어 주었다. 특히, WEC의 가족이 되면서 '행위 중심이 아니라 그리스도와 관계 중심'이라는 선배 선교사들의 고백을 들으며 그 빛은 더 강해져 갔다.

이 책은 2003년 WEC의 훈련을 받을 당시 처음으로 읽었던 책으로 당시 너무 어려워서 여러 번 반복해서 읽었던 기억이 난다. 또한, 선교지 사역 동안에도 하나님께서는 이 책을 수 차례 읽게 하셨는데, 시간이 가면서 머리가 아니라 마음으로 받아 들이게 되었고, 매일의 삶에 적용하도록 가르쳐 주셨다. 나아가 그리스도와의 연합으로 인해 경험되는 기쁨과 자유, 고갈되지 않는 내적인 힘은 전적인 주님의 은혜의 선물임을 고백하게 되었다. 그러므로, 능력 있는 그리스도인의 삶을 꿈꾸는 모든 이들에게 이 책을 꼭 권하고 싶다. 또한, 이 책을 통해 한국 선교계와 교회에 이 은혜가 나누어지길 소망하며 한국어판을 발간하게 되었다.

번역에 참여한 김승민, 김정진, 정의주 선교사님, 꼼꼼히 글을 챙겨 주신 최혜숙 선교사님, 책이 나오기까지 많은 애를 쓴 강경숙, 신은경 선교사님, 박시온 자매, 이은경 편집 디자이너, 늘 사랑으로 WEC을 섬기는 코람데오 임병해 대표님에게 진심으로 감사 드린다. 하나님께 영광을 올려 드리며 하나님 나라를 위해 이 책이 귀하게 쓰이길 소망한다.

박경남, 조경아(한국WEC국제선교회 대표)

CONTENTS 차례

머리말 • 04
추천의 글 • 06
한국어판 서문 • 14

1장 참된 자유로 가는 길 • 21
2장 연합에 대한 이미지들 • 31
3장 내면의 인식 • 43
4장 더 깊은 자유 • 53
5장 전적인 충분함 • 63
6장 나를 통해 흐르는 물은 생수인가, 흙탕물인가? • 73
7장 하나님 나라 기도의 세 가지 유형 • 85
8장 연합의 삶으로 • 99

01
참된 자유로 가는 길

chapter 01

참된 자유로 가는 길

'피터'(Peter)는 복음전도와 교회개척을 위주로 사역하는 상당히 큰 해외 선교지의 지도자로서 많은 일을 하고 있었다. 특히 히말라야 고산지대에서 연례행사로 곧 열리게 될 선교사 총회를 준비하는 동안 기관의 갖가지 세부사항까지 신경 쓰면서 다시 한번 대회에 총력을 기울이고 있었다.

마침 그때 총회 말씀 선포를 위해 타 선교단체에서 섬기고 있는 선교사 한 분이 초청되어 왔는데, 그는 피터가 스트레스로 거의 탈진에 가까운 상태임을 알아차렸다.

조용한 시간에 그는 피터를 한 쪽으로 이끌고 갔다. "피터 선교사님, 선교사님께서는 모든 일을 주님께 의존하는 것이 아니라, 인간의 힘으로 하고 있는 것 같군요. 주님께 모든 걸 맡기면 훨씬 평안하실 텐데요, 갈라디아서 2장 20절 말씀이 생각나네요."

방에 혼자 남게 되었을 때, 피터는 주님께 부르짖었다. 그리고 바닥에 십자가 모양으로 엎드린 채, 그리스도와 함께 십자가에 죽고 다시 사는 진리를 받아들였다. 그의 리더십은 완전히 변했고, 그 후 그는 선교회에서 전 세계 수백 명의 선교사를 책임지는 국제 총재가 되었다.

노먼 그럽(Norman Grubb)은 새내기 선교사 시절 아내와 함께 런던에서 보내온 펜 루이스(Penn Lewis)여사가 쓴 작은 책자에서 언급하고 있는 십자가에 대한 가르침을 이해하기 위해서 콩고에서 달빛을 받으며 밤새워 고뇌했던 그 밤에 대해 언급한다. 당시 부진한 사역의 결과에 실망하고 있었던 젊은 선교사였던 그들이 예수 그리스도 안에서만 가능한 십자가의 원리와 부활생명의 복음을 믿음으로 받아들이는 밤이었다. 다음 날 아침, 노먼은 빈 카드를 가져와서 묘비를 그린 후에 다음과 같은 글을 새겨 넣었다. '노먼 그럽은 그리스도와 함께 이곳에 묻힙니다.' 그 후, 모든 역경을 이겨내고, 그들은 WEC 국제선교회를 놀랍게 발전시키는 데 쓰이는 하나님의 유용한 도구가 된다.

데이빗(가명)은 잘 알려진 선교단체에 가입한 후 열정에 가득 차서 모든 일에 열심으로 임했다. 하지만 곧 문제에 부딪치게 되었다. 그의 강압적인 '특별한 열심'이 다른 사람들의 반감을 일으켰기 때문이었다. 그는 직원회의에서 자신의 아이디어를 강하게 밀어붙였는데, 이로 인해 다른 관점을 가진 멤버들이 소외감을 느끼면서 감정이 상하게 되었기 때문이었다.

어느 날 선배 선교사가 그를 한 쪽으로 불러 이 문제에 대해 말할 때 비록 희미했지만 한 줄기 빛이 스며 들어오기 시작했다. "데이빗, 자네는 주위의 동료들을 모두 무시한 채 너무 독단적으로 일하고 있는 것 같네. 곧 자네 주위에는 아무도 남지 않을 것 같네!"

다른 부서로 옮겨 간 후(징계로 볼 수도 있지만), 그는 토의할 때 나서지 않고, 자신을 드러내지 않겠다고 맹세했다. 하지만 그의 타고난 뛰어난 화술은 종종 그를 '전면'으로 드러나게 했다. 그는 다시 어려움에 봉착했다. 그의 방법은 전혀 생산적이지 않았다.

또다시 그를 진심으로 걱정하는 사려 깊은 선배 선교사 한 분이 다가왔다. "데이빗, 일단 좋은 얘기를 먼저 하겠네. 자네처럼 재능 있는 후배가 우리 팀에서 같이 일하니 참으로 기쁘다네. 하지만 좋지 않은 점을 말한다면 자네는 성령님께 겸손히 의존하는 것이 아니라 인간적인 힘으로 일을 하고 있는 것 같네. 데이빗만 보이네. 예수님은 간 곳 없고! 자넨 아직 십자가 원리를 이해하지 못한 것 같네."

이번에는 달랐다. 그 메시지가 진정으로 통했다. 데이빗이 도망치듯 방으로 들어 왔을 때, 성령님께서 자기의존적인 자아와 깨어지지 못한 자신의 본 모습을 조명해 주셨다. 자신의 자만심을 깨닫고 정말로 오직 성령님의 권능 아래서 움직이기를 원한다는 고백을 드렸다.

이것이 전환점이 되었다. 이로 인하여 새로운 자유를 알게 되었고, 결국 그는 주님이 주시는 능력으로 사역에 있어 큰 역할과 책임을 감당하게 된다.

이러한 경험의 양상은 다음과 같이 쉽게 관찰된다. 무능함을 인식하고 십자가 원리를 받아들여 자아의존에서 벗어나는 것, 믿음으로 그리스도의 부활생명이 주는 전적인 충분함으로 들어가는 것, 그리고 하나님 나라의 사역에서 승리와 효율성의 새로운 시대를 경험하게 되는 것이 바로 그것이다.

구약성경 속에 나타난 이스라엘 민족의 경험은 이와 동일한 세 단계를 보여주고 있으며, 신약성경에서 성도가 걷는 영적 순례의 전형이 되고 있는데, 고린도전서 10장 13절[1]은 이에 정당성을 부여한다.

모세는 이스라엘 민족의 과거 경험을 회상하며, 또한 미래를 내다 보면서 말한다(신 6:23-7:2). '여호와께서 우리에게 그 땅(가나안)을 주어 들어가게 하시려고, 우리를 애굽에서 인도하여 내셨다. 주께서 우리를 그 땅으로 들이실 때……너로 그들(많은 민족들)을 치게 하시리니 그때에 그들을 완전히 진멸할 것이다.' 여기에는 자유, 충분함, 효율성이라는 세 단계가 있다.

이것은 믿는 자의 사망, 부활, 승천에 있어서 그리스도와의 연합이라는 신약의 가르침과 정확히 일치한다.

- **그리스도의 죽음과 연합**: 이는 너희가 죽었고 너희 생명이 그리스도와 함께 하나님 안에 감추어 졌음이라(골 3:3)

---

[1] 고린도전서 10:13 사람이 감당할 시험 밖에는 너희가 당한 것이 없나니 오직 하나님은 미쁘사 너희가 감당하지 못할 시험 당함을 허락하지 아니하시고 시험 당할 즈음에 또한 피할 길을 내사 너희로 능히 감당하게 하시느니라

- 그리스도의 부활생명과 연합: 너희가 그리스도와 함께 다시 살리심을 받았으면(골 3:1)
- 그리스도의 승천 후 신분과 연합: 위의 것을 찾으라 거기는 그리스도께서 하나님 우편에 앉아 계시느니라(골 3:1)

만약 이러한 해석에 동의할 수 없다면, 고린도후서 4장에 언급된 그리스도의 일꾼에 대한 묘사를 보라. 그곳에서 바울은 사망과 부활에서 그리스도와 연합되는 자신의 신분을 계속해서 언급하고 있다. '우리가 항상 예수의 죽음을 몸에 짊어짐은 예수의 생명이 또한 우리 몸에 나타나게 하려 함이라'(10절). '우리 살아 있는 자가 항상 예수를 위하여 죽음에 넘겨짐은 예수의 생명이 또한 우리 죽을 육체에 나타나게 하려 함이라'(11절). '그런즉 사망은 우리 안에서 역사하고 생명은 너희 안에서 역사하느니라'(12절). 4장 마지막 절은 승천 후 신분에서의 관점을 보여준다. '우리가 주목하는 것은 보이는 것이 아니요 보이지 않는 것이니⋯⋯보이지 않는 것은 영원함이니라.'

바울이 속마음을 드러낼 때, 그가 가장 갈망했던 것은 무엇이었는가? 그리스도와의 연합이었다. '내가 그리스도와 그 부활의 권능과 그 고난에 참여함을 알고자 하여 그의 죽으심을 본받아(빌 3:10)', 또한 20절에서 보좌에 앉으신 그리스도와의 연합을 주장한다. '그러나 우리의 시민권은 하늘에 있는지라.'

에베소서 2장 6절의 '또 함께 일으키사 하늘에 앉히시니……'는 부활 연합과 승천 후 신분에 대해 가장 명확히 보여주는 구절이다. 또한 6장 12절에서 '우리의 씨름은 혈과 육을 상대하는 것이 아니요 통치자들과 권세들과……' 바울은 사탄의 세력과 맞서서 영적 전쟁을 치르는 우리의 신분을 묘사하고 있다.

특히 로마서에서 바울은 특정한 부문에 있어서 죽음을 통한 그리스도와의 연합을 자세히 설명하고 있다. 죄에 대한 사망(6장), 법에 대한 사망(7장), 독립 자아에 대한 사망(8장)이다.

그는 갈라디아서에서 자신의 간증을 통해 다시 한 번 분명하게 말하고 있다. '내가 그리스도와 함께 십자가에 못 박혔나니 그런즉 이제는 내가 사는 것이 아니요 오직 내 안에 그리스도께서 사시는 것이라 이제 내가 육체 가운데 사는 것은 나를 사랑하사 나를 위하여 자기 자신을 버리신 하나님의 아들을 믿는 믿음 안에서 사는 것이라(갈 2:20).'

이러한 연합 개념은 오직 바울에게만 해당하는 것인가? 그렇지 않다. 베드로전서 2장 24, 25절에서 베드로 역시 같은 주제를 다루고 있다. '친히 나무에 달려 그 몸으로 우리 죄를 담당하셨으니 이는 우리로 죄에 대하여 죽고(즉, 그리스도와의 연합으로) '의에 대하여 살게 하심이라'(즉, 그리스도의 부활생명으로)'.

요한복음 12장 24절과 25절을 보면 예수님께서 연합의 진리를 가르치신다. 먼저 24절에서 예수님께서는 자신을 땅에 떨어져 죽는 한 알의 밀알로 묘사하시면서 먼저 죽음에서의 연합을, 다음 절에서는 같은 진리를 바로 제자들에게 적용하시고 계신다. 25절에서는 또한 예수님과 공유하는 영생(부활)의 삶을 언급하며, 26절에서는 예수님과 함께 누리는 천국에서의 삶을 보여주고 있다. '나 있는 곳에 나를 섬기는 자도 거기 있으리니.'

02
연합에 대한 이미지들

chapter 02

연합에 대한 이미지들

　그리스도와 일체가 되면 자유와 구원을 얻을 수 있는가? 우리가 십자가를 삶의 원리로 수용한다는 것은(단 한 번의 십자가 사건이 있다), 죄의 세력이 우리에게서 끊어졌다는 사실을 받아들인다는 것이다.

　이것은 로마서 6장에서 바울이 자세하게 가르치고 있는 주제이다. '죽다'라는 단어가 동사로 사용될 때, 그리스어로 *apothnesko*이다. 어근인 *thnesko*는 '죽다'를 의미하며 접두어인 *apo*는 '……에서부터'를 뜻한다. 그러므로, 이 개념의 핵심은 죄를 말소하는 것이 아니라 죄에서 '끊어지는 것'이다. 즉 믿음으로 실제 신분을 경험할 수 있다.

다음 로마서 6장의 비유적인 묘사들은 이 개념을 분명하게 확증시켜주고 있다.

세례는(4절) 문자적으로 볼 때 그리스도의 죽음에 완전히 푹 잠기는 것을 말한다. '장사된'은 *sunthapto*로, '……와 함께'를 의미하는 접두사인 sun과 '묻히다'를 뜻하는 thapto로 이루어진 단어이다. '연합된'은(5절) *sumphuo*로, '……와 함께'를 의미하는 *sum*과 '심다'를 의미하는 phuo로 이루어져있다. (여기에서 '심다'란 본 나무 가지에 다른 종의 가지를 접붙일 때 쓰는 원예 용어이다.) '십자가에 못 박혔다'는 동사 *sustauroo*인데, *sus*는 '……와 함께'를 의미하고 *stauroo*는 '십자가에 못박다'를 의미한다.

이러한 수사적인 표현들이 전달하고 있는 것은 무엇인가? 사실상 바울은 '믿음으로 여러분은 그리스도 안에서 새로운 피조물이 되었으므로, 하나님께서 여러분을 죄의 속박에서 벗어난 존재로 바라보고 계신다' 라고 말하고 있다. 이로 인하여 우리는 악에 대적할 수 있는 놀라운 신분을 얻게 되는데, 이는 우리가 똑똑하거나 강한 의지를 가지고 있어서

가 아니라, 단지 우리가 죄와 단절된 관계를 인정하고 부활한 그리스도의 생명에 새롭게 연합했기 때문이다. 믿음으로 이겨낸 것이다! 우리는 죄의 구속력에 관한 한 '탈락자'이다.

바울은 로마서 6장 1-11절에서 '알다'(3,6,9절), '믿다'(8절), '여겨지다'(11절)와 같은 단어들을 사용하여 우리의 영적 이해에 호소하고 있다. 12-23절에서는 우리의 의지에 호소하고 있는데, '드리다'(13,16,19절), '순종하다'(16,17절), '종이 되다'(16,18,19,20,22절)를 주 단어로 사용하고 있다. 사실, 바울이 말하고 있는 것은 먼저 '우리에게 부여된 새로운 신분을 이해하라' 그런 후에 '경험으로 그것의 진리를 주장하라'이다. 그러므로 거룩함이란 우리가 노력해서 획득할 수 있는 것이 아니라, 새로운 관계가 주는 능력과 역동성으로부터 흘러 들어오는 것이다.

노먼 그럽은 자신의 저서인 『Yes I am』(p. 72)에서 다음과 같이 쓰고 있다.

하지만 '나는 죄에 대하여 죽었어'라고 여기는 것은 가벼운 일이 아니다. 특히 내가 아직 그것을 경험하지 못한 것 같은 때에는 더욱 그렇다. 우리는 '나는 죄에 대하여 죽었어'라고 선언하는 것을 꺼려한다. 그 이유는 죄가 여전히 우리 속에서 빈번하게 나타난다고 생각하기 때문이다. 하지만 이 문제는 간단하다. 하나님의 말씀에 순종할 것인가? 같은 장에서 바울은 '우리는 우리에게 전해진 교리를 마음으로부터 복종했다'라고 말한다. 우리는 정말로 그런가? 그렇다면 우리는 '즉시 일에 착수해야 한다', 성경에서 말하는 것처럼 우리가 누구인가를 담대하게 확인하고 선언해야 한다. 타협하지 말자(성경 학자들을 포함한 많은 사람들이 타협하고 있다), 그리고 아직 우리의 '상태'는 아닐지라도 우리의 '신분'이라고 말함으로써 인정하려고 해보라. 이는 사랑스럽고 작은 복음적인 몸부림이다. 우리에게 '인정하고, 주목하고, 말해보라'고 명하는 바를 순종하고 선언하자. 믿음과 순종으로 하는 선포에서 더 나아가 어떻게 이러한 사실이 신분에서만이 아니라 상태에서도 실제적인 사실이 되는지 발견해 보자.

우리의 자아 전체를 온전히 그분의 주권에 맡기면서 우리는 기쁘게 새 주인을 인식한다. 그분이 우리 안에서 새롭게 통치하시기 시작하면서, 옛 주인이었던 사탄에게는 이제 더 이상 통제권이 없다. 그는 외부에서 우리를 향해 소리 칠 수는 있지만, 더 이상 우리 안에 머무를 수 없다. 우리는 주인을 바꾼 것이다! 우리는 주님의 **회사**에 새롭게 고용된 것이다!'

스코틀랜드 신학자인 제임스 데니(James Denney)는 그의 저서인 『The Death of Christ』(p. 106)에서 다른 각도로 이 진리에 접근하고 있지만, 넓은 의미로는 결국 같은 결론에 도달한다.

'인간이 하나님과 바른 관계에 놓이게 되는 경험, 즉 죄를 위해 죽으신 그리스도를 믿는 경험은, 우리가 죄에 대해서는 죽은 자가 되고, 하나님 안에서는 산 자가 된다는 것을 의미한다(비록 같은 말이지만). 믿음이 정상적인 긴장 상태에 있는 한 죄의 삶은 상상할 수가 없다.' - 제임스 데니

골로새서 3장은 이러한 '죄에 대한 사망'을 확증해주면서 동시에 우리가 취해야 할 필요사항 또한 포함하고 있어 흥미롭다. 우리가 그리스도와 함께 죽었다는 사실은 9절에 나타난다. '옛 사람을 벗어 버리고……' 하지만 8절에서는 그러한 신분을 인준해야 한다고 의지에 호소하고 있다. '벗어 버리라……분함과 노여움과 비방……' 이와 같은 말씀이 10절에서는 긍정적인 표현으로 다시 반복되어 나타난다. '너희는 새 사람을 입었으니……' 그리고 12절에 이에 따른 명령이 언급되어 있다. '긍휼과 자비와 겸손과……옷 입고.'

먼저 믿음으로 우리 자신을 내어드려 그리스도의 죽음

과 부활에 전적으로 연합할 때에만 도덕적으로 '착한 일을 행하는' 신분에 이른다.

'짐(Jim)'은 청소년 캠프에 참가했다. 그곳에서 연사는 그리스도의 죽음과 부활로 예수님과 연합한 우리의 정체성에 대해 전하고 있었다. 자신이 출석하고 있던 교회에서 배우지 않았던 가르침이었기 때문에 고민에 빠졌다.

주말이 거의 막바지에 이를 무렵 그는 연사에게 다가갔다. "선생님이 말한 것을 잘 이해하지 못한 것 같아요. 저로서는 난생 처음 들어 보는 내용이에요." 메시지를 전했던 연사는 말했다, "짐, 고민한다니 반갑네. 여기에 자네에게 도움이 될 만한 성경구절들이 좀 더 있네……. 자넬 위해 기도하겠네."

몇 주가 흐른 후에, 캠프 연사는 짐이 보낸 편지 한 장을 받았다. 그 중 일부 내용은 다음과 같다. "선생님께서 전달하려고 했던 것이 무엇인지 알게 되었어요, 믿음으로 이러한 내적 연합에 들어갔습니다. 또한 몇 년 전 회계사로 살겠다는 결정이 주님의 뜻이 아니라 제 자신의 생각이었다는 것을 깨달았습니다. 그래서 저는 저의 미래를 놓고 다시 기도하고 있습니다." (그 당시 그는 공부를 막 마친 상태였다.)

몇 달 후 그는 바이블 칼리지로 옮겼으며, 계속해서 신학대학교에서 공부를 마친 후 현재 아프리카에서 주님을 위해서 일하고 있다. 그곳은 그가 아프리카 민족을 위한 성경학교를 시작한 곳이기도 하다.

≪십자가 패턴≫

　　　　다음 페이지의 도표는 십자가 패턴으로 속죄(죄에 대한 희생), 원리, 패턴으로 이루어져 있는데 십자가의 의미와 목적을 명확하게 보여주고자 한다. 우리는 우리의 죄로 인해서 돌아가신 예수님을 믿음으로써 구원받는다. 우리는 누가복음 14장 27절[2]에서 예수님께서 가르쳐 주신 대로 십자가의 원리를 받아들이는 단계로 나아가야만 한다. 하지만 많은 사람들이(짐이 그랬던 것처럼) 이것을 놓치고 고린도전서 3장 1절[3]에서 묘사된 것처럼 육신의, 세속적인, 세상적인 것에 머무르고 있다. 그들은 결코 성장하지 않기 때문에 같은 절에서 영적인 '어린 아이들'로 묘사되어 있다. 하지만 십자가 원리를 받아들일 때 성령이 지도하시는 삶이 시작되고 주님이 주시는 힘 안에서 우리는 효과적이면서 쓸모 있게 되는

---

2) 누가복음 14:27 누구든지 자기 십자가를 지고 나를 따르지 않는 자도 능히 내 제자가 되지 못하리라
3) 고린도전서 3:1 형제들아 내가 신령한 자들을 대함과 같이 너희에게 말할 수 없어서 육신에 속한 자 곧 그리스도 안에서 어린 아이들을 대함과 같이 하노라

십자가 패턴

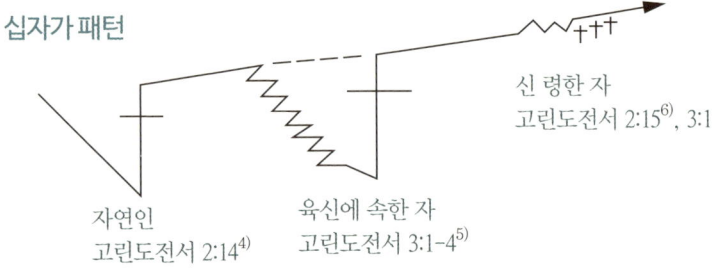

자연인
고린도전서 2:14[4]

육신에 속한 자
고린도전서 3:1-4[5]

신 령한 자
고린도전서 2:15[6], 3:1

자연인	육신에 속한 자	신령한 자
고린도전서 2:14	고린도전서 3:1-4	고린도전서 2:15, 3:1
십자가 —속죄(죄에 대한 희생)	십자가 —원리(독립적인 생활방식 종결)	십자가 —패턴(자아의 매일 죽음)
"하나님의 아들이 나를 사랑하사 나를 위하여 자기 몸을 버리셨다" 갈 2:20b	"내가 그리스도와 함께 십자가에 못박혔나니 그런즉 이제는 내가 사는 것이 아니요 오직 내 안에 그리스도께서 사시는 것이라" 갈 2:20a	"그의 죽으심을 본받아" 빌 3:10

---

[4] 고린도전서 2:14 육에 속한 사람은 하나님의 성령의 일들을 받지 아니하나니 이는 그것들이 그에게는 어리석게 보임이요, 또 그는 그것들을 알 수도 없나니 그러한 일은 영적으로 분별되기 때문이라

[5] 고린도전서 3:1-4 1 형제들아 내가 신령한 자들을 대함과 같이 너희에게 말할 수 없어서 육신에 속한 자 곧 그리스도 안에서 어린 아이들을 대함과 같이 하노라 2 내가 너희를 젖으로 먹이고 밥으로 아니하였노니 이는 너희가 감당하지 못하였음이거니와 지금도 못하리라 3 너희는 아직도 육신에 속한 자로다 너희 가운데 시기와 분쟁이 있으니 어찌 육신에 속하여 사람을 따라 행함이 아니리요 4 어떤 이는 말하되 나는 바울에게라 하고 다른 이는 나는 아볼로에게라 하니 너희가 육의 사람이 아니리요

[6] 고린도전서 2:15 신령한 자는 모든 것을 판단하나 자기는 아무에게도 판단을 받지 아니하느니라

데, 이는 우리가 기꺼이 자아에 대하여 매일 죽기를 원하기 때문이다.

왼쪽 도표는 십자가의 다른 개념들을 단순화시켜 보여주고 있다. 하지만, 물론, 장기적 경험이 연대순적인 순서에 엄격하게 들어맞아야 된다는 것은 아니다. 주님 안에서 성장해 나가면서 우리는 이 3가지의 의미를 모두 더 깊게 이해하게 되며, 각 단계로 들어갔다 나오기를 계속해서 반복한다.

03
내면의 인식

chapter 03

내면의 인식

　로마서 6장이 죄로부터의 구원을 설명한다면, 7장은 율법으로부터의 해방을 다루고 있다. 이것은 여러 가지 면에서 '행위' 중심의 신자들에게는 묘하게도 더 위협적으로 들린다. 그들은 죄를 용서받아 깨끗해졌다는 것을 알고 있으며, 그 구원에 대한 감사로 이제는 자신들이 노력해서 규정된 규범에 맞게 살아가는 것이 자신들이 보답으로 해야 할 일이라고 느낀다. 기특한 생각이다. 하지만 불가능하다. 이러한 사고는 연합이 아니라 분리에 근거를 두고 있기 때문이다. 율법 아래에서 우리는 하나님을 위해서 뭔가를 하기 위해 노력한다. 은혜 안에서 우리는 그리스도께서 우리를 통해 그분의 삶을 사시도록 하기만 하면 된다. 율법 아래에서는 우리가 매일 끊임없이 노력해야만 한다. 은혜 안에서 우리는 성령님의 이끄심을 받는다. 우리의 의지는 여전히 살아 움직이고 있지만 이것은 포상을 받기 위해서가 아니라 관계를 유지하기 위해 작용하는 것이다.

율법이란 규정된 규범을 따르도록 우리를 강압하는 외부적인 압력이다. 그러나 그리스도는 모든 믿는 자에게 의를 이루기 위하여 율법의 마침이 되시기 때문에(롬 10:4), 결국 율법은 내 안에 사시는 예수님이 아니라 단지 육신(자기 노력)에 호소할 뿐이다. 바울은 로마서 7장 6절에서 이렇게 말하고 있다. '우리가 얽매였던 것에 대하여 죽었으므로 율법에서 벗어났으니 이러므로 우리가 영의 새로운 것으로 섬길 것이요 율법조문의 묵은 것으로 아니할지니라.'

갈라디아서 2장 19, 20절에서 바울은 다시 이를 확인하고 있다. '내가 율법으로 말미암아 율법에 대하여 죽었나니 이는 하나님에 대하여 살려 함이라. 내가 그리스도와 함께 십자가에 못 박혔나니 그런즉 이제는 내가 사는 것이 아니요 오직 내 안에 그리스도께서 사시는 것이라.'

물론 율법의 '규범들'이 폐지되었다는 것이 아니다. 우리가 그리스도를 믿으면 율법에 대한 '의무'와 율법에서 비롯된 동기유발이 끝난다는 것이다.

'스티브'(Steve)는 그리스도의 증인이 되어야 한다는 의무감에 매여 있었다. 물론 우리는 모두 증인이 되어야 한다. 하지만 그것이 의무감으로 행해질 때 축복은 그 안에 존재하지 않는다. 하나님은 육신의 노력을 축복할 수 없기 때문이다. 이 진리를 이해하게 된 스티브는 앞으로 열릴 상황들을 느긋하게 바라볼 수 있게 되었고, 그러면서 예수님을 증거할 기회의 문들이 다가오기 시작했다. 때가 왔다. 어느 날 비행기 옆 좌석에 사업가 한 분과 나란히 앉게 되었는데, 스티브는 하나님께서 어떤 식으로 이 상황을 열어 가실 지 기대하면서 지켜보고 있었다. 다음 대화는 이것을 보여준다.

"혹시 빌리 그래함에 대해서 들어본 적 있으신가요?" 옆 좌석에 앉은 낯선 사업가가 물어왔다. "예, 그런데요." "제 아내가 빌리 그래함에 푹 빠졌어요. 저는 이 모든 것이 너무 당혹스럽네요." "글쎄요, 사실은 저도 거듭난 크리스천입니다." "이럴 수가……" "예, 전 크리스천입니다. 제가 옆 좌석에 앉은 걸 보니 아마도 당신 부인께서 비행기에서 크리스천이 옆 좌석에 앉도록 기도하셨나 봅니다!"

목적지에 도달할 때까지 대화는 지속되었다!

로마서 8장은 '육신'에서 해방되는 것을 다룬다. '육신에 속한다'는 것은 무엇인가? 자기 자신을 신뢰하는 독립적인 행동이다. 그리스도인들이 하나님의 은혜와 별개로 행동할 수 있고 또한 실제로 그렇게 행동하고 있다. 다른 사람들에게 부당한 대우를 받았을 때, 우리는 자주 부정적인 반응들을 보이는데, 이것은 주로 자기 옹호에서 비롯된다. 이것이 말하는 것은 무엇인가? 바로 독립적인 자아의 표현이다. 바울은 이렇게 행동하는 사람들을 '육신에 속한 자'라고 불렀다. 하지만 그는 또한 그들을 '형제들'이라고도 불렀다. 그들은 그리스도인이지만 자아에 의해서 움직이는 사람들이었다 (고전 3:1).

로마서 8장의 핵심인 거룩함(율법의 요구조건)은 '성령 안에서' 걸어갈 때 가능하다는 것을 보여준다. '너희가 육신으로 살면 반드시 죽을 것이로되 영으로써 몸의 행실을 죽이면 살리니'(13절).

그러므로 우리는 우리 자신을 위해서 몸(독립적인 행동의 매개체가 될 수 있다)의 행실(행위)을 죽이고 성령 안에서의 삶을 시작해야 한다. 믿음으로 이러한 실제 영역으로 뛰어들어야 한다. 그렇지만 많은 사람들이 겨우 발만 적시다 만다. 어쩌다 한 번 경험하는 일이 되어 버릴 뿐이다. 만약 우리가 지속적으로 계속한다면, '수영할 수 있는 푹 잠길 만한 물'을 느낄 수 있게 되며, 그러면 내적인 평안함이 서서히 우리의 삶을 지배하게 된다.

사실 우리 기도의 대부분은 아마도 이미 이루어진 일에 쓰이고 있을 것이다. 이미 우리의 주님이신 분께 주님이 되어 달라고 계속 요청하고 있는것이다. 그렇다면 이 문제가 해결되었다고 느끼는가? 그분이 정말로 우리의 생명이시고 우리에게 생명을 주시는 분이라는 것을 내면 깊숙이 인지하고 사는가? 우리는 자기 의존적인 자아의 노력에서 해방되었는가?

아래 노먼 그럽의 간증은 이러한 진리를 알게 되면서 그것이 내면의 실제가 되기까지의 전 과정을 보여주고 있다.

내가 그러한 믿음에 쉽게 도달한 것은 아니었다. 밤에 그 문제로 5시간을 고군분투하다가(그 시절에는 믿음이 주는 느긋함을 거의 이해하지 못했다), 마침내 나는 갈라디아서 2장 20절의 적어도 첫 구절을 손가락으로 집으며 입 밖으로 소리 내어 말해보았

다. '내가 그리스도와 함께 십자가에 못박혔나니……'

하지만 내가 달라졌다고 느꼈는가? 아니면 뭔가 달라졌다고 느꼈는가? 아니다. 나의 소중한 아내 폴린(Pauline)은 나와 함께 있었고 우리는 똑같이 행동했다. 우리는 5시간을 숲 속에 있는 작은 캠프 의자에 그렇게 앉아 있었다. 그 당시 소중한 아프리카 형제의 바나나 농장을 방문하던 중이었다. 하지만 성령님은 폴린에게 훨씬 빨리 응답을 주셨다. 2주가 안돼서 모기장을 치고 캠프 침대에 있었던 아내는 뭔가가 그녀의 어깨를 만지는 것처럼 느꼈다. 그것은 성령께서 그녀가 내뱉었던 믿음의 말에 확증을 주신 것으로 그녀는 알게 되었다. 그리고 그 이후로도 계속 알고 있다. 다음날 아침, 우리는 머무르고 있었던 작은 원주민 오두막 바깥 뜰에서 아침을 먹고 있었다, 아내는 나에게 하고 싶은 말이 있다고 하면서 화제를 꺼내기 시작했다. 하지만 나는 '아냐, 그럴 필요 없어, 당신의 얼굴이 그것을 말해 주는 걸'이라고 말했다. 그리고 그 후로도 그녀의 삶은 그것을 보여주었다.

하지만 나에 대해서 말한다면, 아마도 내가 더 생각이 많은 사람이거나 더 늦게 되는 신자이기 때문일 거라 생각되는데, 2년이 지나서야 내 의식 속에 내면의 빛이 켜지기 시작했다. 그러한 2년 동안 나는 믿음을 확인하는 이 고비를 결코 포기하지 않았다. 나에게는 결혼식과 같이 진지한 것이었다(그렇다, 신앙은 진지한 것이다). 이런 상태로 선교지 마을 순회를 계속 해 나갔다. 그러던 중 휴가 차 집에 왔을 때였다. 하나님의 사람인 펜 루이스(Penn-Lewis) 여사와 대화를 하게 되었는데, 그녀와 나눈 대화는 내 내면의 빛을 밝혀주었다. 예전에 내가 처음으로 로마서 6-8장과 갈라디아서 2장 20절을 이해하는데 도움을 주었던 것도 그녀가 쓴 글이었다.

나에게 중요했던 것은 그녀의 이야기가 아니라 그녀가 말할 때 '내가 알았다'는 것이었다. 어떻게 인지는 설명할 수 없지만 나는 알았다. 그것도 아주 오래 전부터 알고 있었다는 것이다. 그리고 여전히 지금도 나는 알고 있다. 마치 내가 그리스도께로 나아온 그날에 내적 증언에 의하여 내가 거듭났다는 사실을 확실하고도 분명하게 알았던 것처럼. 이것이 내가 알게 된 방법이다. 당신도 알고 있을 것이다. 그렇지 않다면 하나님의 시간에 알게 될 것이다. 그분은 우리가 확신을 가지고 단언하는 것을 확증해 주신다. 그뿐이다.

하지만 내 삶을 사시는 존재로 그분이 확실하게 내적인 실재가 되시면서, 언제나 동일하게 '내 안에 사시는 이는 그리스도시요 내가 아니다'라고 말할 수 있는 내면의 인식으로 나아갔다는 것을 나는 정말로 알고 있다. (『Yes, I am』 21장 pp 101-102, 기독교문서선교회(Christian Literature Crusade) 출판)

04
더 깊은 자유

chapter 04

더 깊은 자유

　연합은 더 깊게 나아간다. 그리스도의 죽으심 안에서 죄, 법, 육체에 대해 죽으면서 그분과 하나가 되는 것에 그치지 않는다. 갈라디아서 6장 14절에서 바울은 또 다른 영역에서의 구원을 보여주고 있다. '그러나 내게는 우리 주 예수 그리스도의 십자가 외에 결코 자랑할 것이 없으니 그리스도로 말미암아 세상이 나를 대하여 십자가에 못 박히고 내가 또한 세상을 대하여 그러하니라.'

　하지만 '세상'이란 무엇인가? 물론 세상이란 우리가 살고 있는 장소이다. 하지만 바울이 의미한 것은 그게 아니었다. 그는 세상 시스템을 말하고 있다. 요한일서 2장 16절 말씀은 이 시스템에 대해 탁월한 정의를 내려주고 있다. 육신의 정욕(이익과 성에 대한 과도한 욕심), 안목의 정욕(물질에 대한 탐심, 보는 것에 대한 욕심), 이생의 자랑(지위, 권력, 영향력에 대한 욕심)이다. 이익은 나쁜 것이 아니다. 성은 나쁜 것이 아니다. 물질적인 안락도 나쁜 것이 아니다. 하지만 우리의 생활 방식이 욕심에 의해서 움직이고 점령될 때, 우리는 세상 안에서 살고 있는 것이다.

회사에 막 입사한 능력 있는 회계사 청년이 선교대회에 참석했는데, 내가 제자도의 의미에 대해 성경에서 말씀하고 있는 것을 가르치고 있을 때였다. 나중에 그가 이렇게 말했다. "바로 얼마 전에 멋진 직업을 가지게 되었고 전망도 아주 밝았죠. 하지만 당신이 두 마음을 품는 것에 대해서 말할 때, 그 단어가 제 마음 속에 박혔어요. 저는 집으로 가서 이것을 정리해 봐야겠어요. 저를 위해 기도해 주세요."

세상 시스템은 손짓하며 그를 부르고 있었다. 훌륭한 직업을 가진다는 것은 잘못된 일이 아니지만 만약 그것의 유혹이 너무 강해서 우리가 그리스도의 주권에 복종하는 것을 막는다면 그때 그것은 잘못된 것이 된다.

　　어느 날 젊은 항공회사 정비사가 교회에서 하나님의 뜻을 아는 것에 대해 성도들에게 도전을 주는 설교를 듣고 있었다. 연사는 거대한 나무들이 베어 넘어뜨려지고, 나뭇가지를 쳐내고, 강으로 가져온 통나무들이 강물을 따라 아래쪽으로 둥둥 떠내려가서 목재소에 도달하는 것을 보여주는 캐나다 목재 산업의 삽화를 사용했다. 때때로 통나무는 시스템에서 벗어나 어귀 쪽으로 나가는데, 그것은 소형 선박에 위험이 되었다. 그런 다음 연사는 물었다 "당신은 하나님의 목적에 따른다면 '표류하는 통나무'이십니까?" 성령님은 그 젊은이에게 이것이 바로 그 자신의 모습이라는 것을 깨닫게 해주셨다. 그는 세상 시스템에 따라서 움직이고 있었다. 그는 자신을 향한 주님의 뜻을 이해하기 위해 진지하게 기도하기 시작했으며, 성경 훈련에 대한 마음을 주셔서 신청하기로 했다. 그가 항공사에 사직서를 제출했을 때, 회사는 그를 불러서 말했다. "도대체 왜 이렇게 바보 같은 짓을 하는가? 자네는 기술자 자격증이 있네. 민간 조종사 자격증도 있고. 요즈음 사업용 자격증을 따려고 공부하고 있지 않은가? 합격하기만 하면 대형 제트기를 운행할 수 있도록 훈련과정도 마련해 놓았다네. 이 모든 것을 놓치지 말게나."

하지만 하나님의 부르심은 분명했다. 회사가 제안하는 것은 세상의 유혹으로 이루어져 있어서 그는 그것에 십자가 원리를 적용해야 했다. 그는 결국 선교사가 되었으며, 지금은 대학 총장이 되어 다른 사람들이 주님을 섬기도록 훈련시키고 있다.

그리스도와의 연합을 통해서 우리가 얻는 구원의 또 다른 면이 있다. 그것은 그리스도의 죽음(그리고 부활하심)이 인간의 삶에서 사탄의 세력을 깨부수는 것이다.

"왜 예수님은 죽으셨나요?"라는 질문을 받는다면, 어떻게 대답할 것인가? "그는 세상의 죄 때문에 돌아가셨어요." "그의 죽음은 죄에 대한 심판으로부터 우리를 구원하기 위해서였어요." "그의 죽음은 하나님의 진노를 누그러뜨리는 수단이었어요." 모두 맞는 얘기이지만 완전한 답은 아니다. 성경은 예수님께서 그의 죽으심과 죽은 자들 가운데서 다시 살아나심으로 사탄의 세력을 깨뜨리셨다고, 즉 신자들이 당할 수도 있는 공격에 승리를 가져다 준 것이라고 가르치고 있다.

히브리서 2장 14절과 15절[7]은 심오한 구절이다. 청교

---

7) 히브리서 2:14-15 자녀들은 혈과 육에 속하였으매 그도 또한 같은 모양으로

도 신학자인 존 오웬(John Owen)은 이것을 '그리스도의 사망 안에서 사망의 사망'이라고 묘사한다. 우리는 이것을 다음과 같이 말할 수 있다. '그리스도가 오셨고 우리의 인간성을 공유하셨는데, 이는 그분이 죽으심으로 사망 권세를 가진 자 사탄을 무장해제시키시고, 사망의 공포에 묶인 자들을 해방시켜 주기 위함이다.'

이것을 확인해주는 또 다른 구절은 요한일서 3장 8절인데, 후반부 내용은 이렇게 말해 볼 수 있다. '하나님의 아들이 오셔서 그 자신을 드러낸 이유는 사탄의 활동으로부터 우리를 벗어나게 해 주시기 위해서이다.'

요한계시록 12장 11절에서 언급되는 간단한 문장은 이러한 진리를 매우 깔끔하게 요약하고 있다. '여러 형제가 어린양의 피로 저(사탄)를 이기었다.' 다른 말로 하면 예수님께서 십자가에서 하셨던 일이 사탄에 대한 승리를 가능케 하셨다는 것이다. 이는 자동적으로 되는 것이 아니라 그리스도의 희생이 주는 능력 안에서 믿음으로 가능하다는 것에 주의해야 한다. 바로 이 사실이 야고보서 4장 7절이 가능하도록 만들어준다. '……마귀를 대적하라 그리하면 너희를 피하리라.'

혈과 육을 함께 지니심은 죽음을 통하여 죽음의 세력을 잡은 자 곧 마귀를 멸하시며 또 죽기를 무서워하므로 한평생 매여 종 노릇 하는 모든 자들을 놓아 주려 하심이니

(더 자세한 사항과 그리스도 안에 있는 우리의 권위에 대한 설명은 7장 참조)

피터 와그너(Peter Wagner)는 1985년 아르헨티나에서 한 단체의 목사들이 자신들이 살고 있던 도시인 로자리오의 반경 100마일 안에, 복음주의 교회가 없는 마을이 104개나 된다는 것을 어떻게 조사해서 찾아 내었는지, 이에 관련해서 이렇게 말했다. "그 목사들은 한 마을에서 사탄숭배자들을 발견했는데 그들의 악한 관행들이 이 마을을 점령하고 있다는 것을 느꼈다. 목사들은 그들의 본거지인 마을로 가서 요한일서 3장 8절을 근거로 사탄을 결박하고 승리를 선포하는 강력한 기도를 드렸다. 오늘날 이곳 마을에는 모든 사람들을 위한 복음주의 교회가 있다!"(『Territorial Spirits, Sovereign World』, Chichester, 1991, p. 49).

골로새서 2장 15절은 말한다. '통치자들과 권세들을 무력화하여 드러내어 구경거리로 삼으시고 십자가로 그들을 이기셨느니라.'

아프리카에서 섬기고 있던 그리스도인 '아이린'(Irene)은 그녀가 그리스도와의 연합을 통해서 어떻게 사탄의 압박에서 승리를 거두었는지 다음과 같이 묘사한다.

"내가 마음에서 사탄의 영향력을 뽑아내면 낼수록, 내가 진정으로 누구인가를 점점 더 알 수 있었다. 나에 대한 성경의 진술은 놀랍게도 사실이 되었다. 나는 새로운 피조물이다. 나는 그리스도와 함께 죽었으며 그와 연합해서 살고 있다. 나는 두려움의 영이 아니라 사랑의 영을 가지고 있다.

얼마 전에 나에게 나타나는 영이 단지 하나님의 영만은 아니라는 것을 깨달았다. 소름 끼치면서도 부끄러웠다. 나는 주님께 이것을 좀 더 확실히 알게 해 달라고 요청 드렸다. 하루에 3번 정도 내 자신이 친절하지 않은 단어들을 내뱉는 것을 들었는데, 이것은 분명히 내 자신에게서 나온 것도 아니었고 하나님의 영으로부터 나오는 것도 분명히 아니었다. 참담해져서 나는 주님께 이것에 대해 아뢰었다. 주님은 나의 편협함이 사탄에게 발판을 마련해 주었다는 것을 보여주었다. 나는 주님께 용서를 구했다. 나는 예수님의 이름으로 사탄에게 그의 편협함을 가지고 내 인생에서 떠나가라고 말했다. 안도감이 왔다. 이전에 나를 화나게 만들거나 조급하게 했던 상황들은 더 이상 나를 괴롭히지 못했다. 합법적으로 하나님께 속하는 영역에도 사탄이 불법적으로 무단 점유할 수 있다는 사실을 깨닫게 된 것은 다행스러운 일이었다."

"나는 또한 두려움에 묶여 있는 나 자신을 발견하게 되었는데, 이것 역시 나에게는 뜻밖의 사실이었다. 내가 두려움을 느낀다고 생각하지 않았는데, 주님께서는 때때로 내 마음에 엄습해오는 두려움을 보여주셨다. 특히 주님을 위한 예배를 이끈 후 그렇다는 것을 알려 주셨다. 나는 실패가 두려웠던 것이다! 나는 담대한 기도를 할 때 배에 통증을 느끼곤 했다. 사람들이 어떻게 생각할지에 대해 두려워했기 때문이다! 주님은 내가 분별의 은사를 지닌 사람들을 피하려고 했던 것을 조명해 주셨다. 나는 드러나는 것이 두려웠던 것이다! 주님은 이 모든 두려움들이 사탄의 공격이라는 것을 알려 주셨다. 안도감이 몰려왔다. 내가 그것들로부터 자유롭다는 것과 예수님께서 죽으시며 주신 평안을 즐길 수 있음을 안다는 것은 얼마나 경이로운 사실인가!"

"내가 그리스도 안에서 '내가 누구인가'를 아는 것은 내 인생의 혁명이었다. 예수님께서 내 안에서 그분의 삶을 사신다는 것을 알기 때문에 나는 자신감 있게 이 도전을 받아 들인다."

05
전적인 충분함

chapter 05

전적인 충분함

지금까지 우리는 삶에서 하나님의 목적을 방해하는 모든 것으로부터의 탈출, 구조, 자유에 대해 다루었다. 이제 우리는 두 번째 단계로 나아간다. 믿음으로 성령님을 통해 우리 삶에서 실제가 된 그리스도의 부활생명이 주는 완전히 충만한 상태로 들어가는 것이다. 바울이 '내가 그리스도와 그 부활의 권능을 알려 함이라.'(빌 3:10)고 말할 때 이것에 집중하고 있다.

사탄은 우리가 이러한 믿음의 안식으로 들어가지 못하

게 하기 위해 할 수 있는 모든 짓을 할 것이다. 에덴동산에서부터 시작된 그의 공격은 '분리'이다. 예수님의 목적은 연합이다. 연합에 대한 사탄의 대체물은 '자기 노력'이며, 우리가 '주님, 저와 함께 하소서.' '주님, 더 많은 은혜를 주시옵소서.' '주님, 힘들게 하는 저 인간을 사랑할 수 있게 해주세요.' '주님, 더 많은 사랑을 주시옵소서.'라고 기도하는 것을 사탄은 전혀 개의치 않는다. 성경은 이미 예수님과의 연합으로 이 모든 것이 우리에게 주어졌다는 것을 분명히 명시하고 있기 때문에 이렇게 기도하는 것은 믿음이 없는 기도일 수도 있기 때문이다. '하나님의 사랑이 우리 마음 속에 널리 뿌려졌다.' '내가 이 세상 끝날까지 너희와 함께 있으리라.' '예수 그리스도께서 우리에게 지혜, 의, 성화, 구속이 되어 주셨다.' 우리는 왜 예수님께서 이미 우리 안에 있다고 약속하신 것을 구하느라 시간을 낭비하고 있는가?

에베소서는 예수님의 내주하시는 부활생명의 숨겨진 보물에 대해 가장 잘 보여주고 있다. '찬송하리로다 하나님 곧 우리 주 예수 그리스도의 아버지께서 그리스도 안에서 하늘에 속한 모든 신령한 복을 우리에게 주시되'(1:3), '믿는 우리에게 베푸신 능력의 지극히 크심'(1:19), '측량할 수 없는 그리스도의 풍성함'(3:8)이다.

1장과 3장에서 보이는 바울의 두 가지 기도를 보라. 1장 17-20절에서 그는 사실상 '주님, 저들이 당신 안에서 모든 것을 가지고 있다는 것을 깨닫도록 도와 주세요'라고 말하고 있다. 그는 그 사람들이 무언가를 '할 것'을 기도하는 것이 아니다. 그는 단지 사람들의 믿음의 눈이 열려 그들이 이미 가지고 있는 것을 보기를 요청하고 있을 뿐이다. 여기에서 더 나아가 3장 16-19절에서 바울은 믿음으로 그들의 마음 안에 거하시는 그리스도와 함께, 그리고 그분을 통해 '하나님의 풍성함으로 가득 채워지도록' 기도하고 있다.

우리가 이것을 붙잡을 때, 우리 생활 방식 속에 나타나는 가장 두드러진 특징은 '믿음의 평온함'일 것이다. 평온한 신자는 치열하게 바쁜 사람일 수도 있지만, 내면은 주님이 주시는 충족감을 느낄 것이다. 전투? 물론 있다. 갈등의 인식? 물론 있다. 믿음에 대한 도전? 물론 가능하다. 하지만 그들은 주님의 완전한 채우심 안에서 자신 있게 맞설 것이다.

이것은 궁극적인 우리 운명을 깨닫게 될 때 가능하다. 우리는 그리스도의 완전하신 삶을 담는 그릇 혹은 통로 혹은 발현자이다! 이것은 요한복음 15장[8]에서 예수님께서 강조하

---

[8] 요한복음 15:4-5 4 내 안에 거하라 나도 너희 안에 거하리라 가지가 포도나무에 붙어 있지 아니하면 스스로 열매를 맺을 수 없음 같이 너희도 내 안에 있지 아니하면 그러하리라 5 나는 포도나무요 너희는 가지라 그가 내 안에, 내가 그 안에 거하면 사람이 열매를 많이 맺나니 나를 떠나서는 너희가 아무 것도 할 수 없음이라

시는 것이다. 가지는 중심 줄기에 완전히 의존하고 머무르면 열매를 맺는다.

가지에게 말을 걸어보는 것을 상상해보자.
"가지 씨, 축하합니다. 올해 엄청난 포도를 수확하셨군요."
"네, 상당히 됩니다만 저를 축하하지는 마세요."
"왜 그러시죠? 당신이 수확한 것 아닌가요? 포도 맛 좀 봐도 될까요?"
"맘껏 드세요."
"가지 씨, 정말 달콤하네요! 전문 영양사이시군요! 어쩜, 이 모양 좀 보세요. 대칭적인 원뿔 모양이네요. 정말 멋져요. 훌륭한 디자이너시네요!"
"그렇게 생각하지 마세요."
"색깔 좀 보세요! 진한 보라색! 예술가의 작품이군요!"
"잠깐만요, 저는 예술가도, 디자이너도 영양사도 아닙니다. 저는 단지 한 가지만을 했을 뿐입니다.'
"그게 뭔가요?"
"저는 단지 몸 된 줄기에 머물러 있었을 뿐입니다! 그게 전부 다예요. 열매를 생산한 것은 바로 중앙 줄기를 통해서, 그런 다음 나를 통해서 흐르는 생명수액입니다. 저는 그저 수액이 지나가는 작은 배관에 지나지 않습니다. 저는 단지 잘 붙어 있었을 뿐입니다!"

생명수액이 흐르고 있습니까? 연결 상태는 어떠한가요? 기도와 지속적인 말씀 묵상으로 날마다 새롭고 생명력 있는 연합된 삶을 살고 있습니까?

요한복음 6장은 우리와 친밀한 관계를 원하시는 예수님의 깊은 관심을 보여준다. 얼마나 자주 그가 자신을 '떡' 또는 '살'과 '피'로 묘사하는지 보라.

32절: '….내 아버지께서 너희에게 하늘로부터 참 떡을 주시나니'
33절: '하나님의 떡은 하늘에서 내려 세상에 생명을 주는 것이니라'
35절: '나는 생명의 떡이니'
48절: '내가 곧 생명의 떡이니라'
50절: '이는 하늘에서 내려오는 떡이니'
51절: '나는 하늘에서 내려온 살아있는 떡이니 사람이 이 떡을 먹으면 영생하리라'

53절: '인자의 살을 먹지 아니하고 인자의 피를 마시지 아니하면 너희 속에 생명이 없느니라'
54절: '내 살을 먹고 내 피를 마시는 자는 영생을 가졌고'
55절: '내 살은 참된 양식이요 내 피는 참된 음료로다'
56절: '내 살을 먹고 내 피를 마시는 자는 내 안에 거하고 나도 그 안에 거하나니'
58절: '이것은 하늘에서 내려온 떡이니….이 떡을 먹는 자는 영원히 살리라'

예수님께서는 왜 이러한 이미지를 여러 번 반복해서 사용하셨는가? 완벽한 연합에 대한 도해를 찾으셨기 때문이다. 빵이나 고기 또는 음료에 무슨 일이 일어나는가? 그들은 몸에 완전히 소화 흡수된다. 예수님께서는 몇 구절 뒤에서 '내가 너희에게 이른 말은 영이요 생명이라'라고 말씀하심으로 이 용어에 자격을 부여하고 계신다. 말하자면 그를 믿는 사람들과 이루시기를 원하는 내면의 영적 연합에 대한 말씀을 물질적인 이미지로 표현하셨다는 것을 뒤따르는 절에서 말씀하고 계시는 것이다.

예수님의 부활생명이 흐름으로 성령의 열매가 맺히며, 성령의 한가지 은사나 여러 은사들이 나타나게 된다. (고린도전서 12장 7절과 베드로전서 4장 10절은 우리 모두는 적어도 한 가지의 은사를 가지고 있다고 말한다.)

열매는 거룩함을 이루어가는 통로로 세 가지 관계 안에서 작동한다. 나 자신 안에서, 다른 사람들을 향해서, 그리고 하나님을 향해서이다.

은사는 공동체 안에서 서로에게 유익을 위해서 주어지는 것으로(고전 12:7), 효과적으로 봉사하도록 성령님께서 주시는 도구이다. 우리가 받은 은사를 사용하지 않는 것은 공동체로부터 각자가 제공할 수 있는 독특하고 탁월한 기여의 기회를 박탈하는 것과 다름이 없다 (고전 12:12-27).

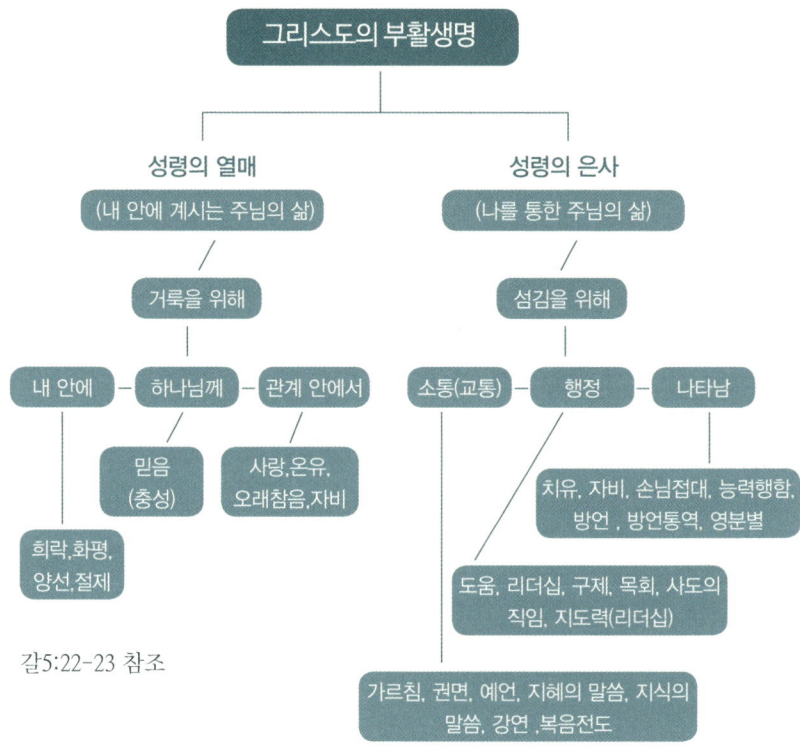

06

나를 통해 흐르는 물은
생수인가, 흙탕물인가?

chapter 06

나를 통해 흐르는 물은 생수인가, 흙탕물인가?

    그리스도의 죽음과 부활에 연합한다는 것은 놀라운 사실이지만 단지 이것만으로 하나님의 목적이 완성되는 것은 아니다. 우리가 하나님의 전략으로 나아가려면 승천하신 그리스도의 신분에 연합하는 것 또한 우리가 알아야 할 중요한 부분이다. 우리는 이것을 '왕좌의 삶'이라고 부를 수 있다.

    이것은 완전히 성경적인 개념이다. 골로새서 3장 1-3절에서 바울은 말하고 있다 '위의 것을 찾으라 거기는 그리스도께서 하나님 우편에 앉아 계시느니라.' 다음 구절 역시 이

명령을 다시 한 번 반복해서 말하고 있다. '위의 것을 생각하고 땅의 것을 생각하지 말라.' 그는 에베소서 2장 6절에서도 이것을 다루고 있다. '또 함께 일으키사 그리스도 예수 안에서 함께 하늘에 앉히시니.' 빌립보서 3장 역시 비슷한 가르침을 포함하고 있는데 9절과 10절에서는 그리스도의 죽음과 부활과의 연합을 말하고 있으며, 20절에서는 왕좌에 오르신 그리스도와의 연합에 대해 쓰고 있다. '우리의 시민권은 하늘에 있는지라.'

이사야는 이사야서 40장 31절에서 이러한 신분에 대해서 말하고 있다 '오직 여호와를 앙망하는 자는 새 힘을 얻으리니 독수리가 날개 치며 올라감 같을 것이요.'

베드로가 그의 첫 번째 서신 2장 9절에서 믿는 자들을 '왕 같은 제사장들'이라고 묘사할 때 이것을 함축하고 있다. 요한은 요한계시록 1장 6절에서 '우리를 나라와 제사장으로 삼으신' 예수님에 대해 얘기하면서 비슷한 내용을 언급하고 있다. 물론 제사장 직은 중보를 암시하고 있으며 왕의 신분은 왕좌에서 권위를 공유하는 것을 함축한다.

따라서 이러한 차원은 영적 전투와 관련되어 있는 것으로, 우리는 '왕권적' 역할에서 사탄의 활동을 파악하고, 권세를 가지고 기도하며, 대적을 결박하면서, 하나님 나라의 확장을 위하여 그분의 전략 가운데 하나님과 협력할 수 있다. 사실 예수님께서 말씀하신다 '강한 자를 결박하라'(마 12:29). 실생활에서 이 일은 어떻게 나타나는가? 다음 에피소드는 영적 전쟁을 보여주는 기도의 예이다.

- 인도에서 세 사람의 여성선교사가 사역하고 있었는데, 밤에 자러 들어가면 지하실에서 이상한 소리가 들리기 시작한다는 것을 알게 되었다. 조사를 해보았으나 소리가 날 이유는 전혀 없었다. 그들은 근처에 사는 다른 동료 선교사들을 모두 집으로 모이게 한 후 믿음으로 악한 세력의 비술에 맞서 마귀에게 떠나가라고 명령했다. 그 후 더 이상 아무 문제도 일어나지 않았다.
- 그리스에서 미국인 선교사의 전도로 16살 된 청년이 예수님을 믿게 된다. 그리스 정교회는 그 선교사를 법정으로 끌고가 3년 형을 선고한다. 미국에 있는 그리스도인들이 기도한다. 대법원에 항소한다. 형이 파기된다.
- 시카고 근처에 목사님 한 분이 70명 되는 교회를 이끌면서 6년 동안 많은 노력을 기울였으나 별다른 결실을 거두지 못하고 있었다. 금식과 기도를 결심하면서 교회 주변에 있는 많은 거리들을 주님께 드리기로 선언한다. 방 안에

괴기스러운 존재가 나타나서 말한다 '나는 너에게 그렇게 많은 것을 주지 않을 거다.' 그 목사님은 예수님의 권세로 악한 영에게 대적하면서 거리에 대한 하나님의 주권을 계속 선포해 나갔다. 세 달 후, 그 교회는 두 배로 성장하는데, 새로운 신자들 대부분이 악한 영에 사로 잡혔다가 구원받은 사람들이었다.

- 1982년 앤드류 형제는 공산주의 몰락을 위해 7년 작정기도를 시작한다. 1989년 중반에 7년 작정기도가 끝난다. 그 해 11월에 베를린 장벽이 무너지고 유럽에서 공산주의가 사라지게 된다.
- 파키스탄에서 그리스도인 2명이 무함마드를 모욕했다는 누명을 쓰고 고소를 당해 사형을 선고 받는다. 호주와 영국, 그리고 미국에 있는 그리스도인들이 악한 세력에 대항하여 기도한다. 수상이 중재하게 되면서, 그 사건은 고등법원으로 옮겨져서 결국 그 판결은 무효가 된다.
- 해외에서 사역하는 선교사 부부에게 10대 딸이 있었는데, 고국에서 이모가 돌봐 주고 있었다. 그녀는 소녀가 분출하는 폭력적인 기질과 더러운 욕설에 혼란스러웠다. 대규모 부흥집회에서 그때에 뱀처럼 땅에 엎어져서 온 몸을 비틀며 상담원의 다리를 물려고 하는 소녀를 위해 기도를 요청

한다. 예수님의 권세로 기도한 후에 온전하게 된다.
- 카라치 공항에서 대기하던 선교사가 마약 밀매로 체포된다. 근처에서 마약을 소지한 죄로 발각된 남자가 선교사로부터 마약을 건네 받았다고 거짓말을 했기 때문이다. 호주와 영국에서 그 상황을 놓고 진심 어린 기도를 한다. 법정으로 간 이 사건은 몇 달 동안 지속되었지만, 29주 후에 결국 무혐의로 풀려난다.
- 콜로라도 스프링스에서 어떤 남자가 그 지역에서 대형 교회를 이끌고 계시는 목사님을 만나겠다고 요청한다. 그는 '목사를 증오하며 죽이고 싶다'는 말을 면담 중 얘기한다. 그는 그 목사와 목사의 자녀들을 욕하면서 저주한다. 그런데, 그는 갑자기 아무런 설명 없이 축 처지면서 성령님께서 더 이상 말하지 못하게 하신다고 말한다. 이 일이 벌어졌던 그 시간에 다른 교회에서 일단의 중보기도자들이 이 목사님을 위해서 기도를 해야 한다는 큰 부담감을 느꼈다. 그 중에 한 사람이 기도하는 중에 폭력과 살인의 영에 사로잡힌 남자의 모습이 보여서 '예수님이 오신 것은 마귀의 일을 멸하려 하심이라'(요일 3:8)는 말씀을 인용하면서 기도했다는 것을 나중에 알게 되었다.
- 필리핀에서 선교사 한 분이 TV를 보는 중에 의사를 물어

뜯고, 할퀴고, 발로 차는 등 동물처럼 행동하는 감옥에 갇힌 여자를 보게 된다. 성령에 이끌리어 감옥에 찾아간 후, 허락을 받아 그 여자를 만나게 된다. 그는 귀신을 몰아내고 그녀를 예수님께로 인도한다. 나중에 귀신들이 그녀에게 했던 말을 전해 주었는데 그들은 그 목사를 증오하며, 하나님과 예수님의 보혈의 피 때문에 패배했다고 이를 갈았다고 한다.

- 태국에서 한 선교사 부부는 수년 동안 열심히 일했지만 아무런 결실을 거두지 못하고 있었다. 그러자 그 선교사 부부는 일주일에 하루 그 지역에 영향을 끼치고 있는 악한 영들과 영적 전쟁을 치르겠다고 결심을 한다. 그 후 개종의 물결이 잇따랐다.

우리가 이미 해방을 맛보았고, 그리스도의 죽음과 부활에 연합함으로(I, II 단계) 무장되었다면 이제 다른 사람의 필요를 채워주어야 한다. 우리는 더 이상 구조될 대상이 아니라, 우리는 구조대원들이다. 하나님께서 주신 생명, 은사, 능력, 권위는 성령님의 역사를 따라 우리를 통해서 흘러 나가야 한다. 노먼 그럽이 말하는 것처럼 '우리는 제자의 신분에서 사도적 직분으로 나아가야 한다'. 물론 적들은 이것이 말도 안 되는 일이라는 것을 확신시키기 위해 열심히 노력한다. 하지만 믿음으로 그곳을 향해 발을 디딜 때 우리는 하나님의 군사(그리스어 startiotes)가 된다 (딤후 2:3).

그럽은 그의 저서인 『Yes I am』(p. 158-189)에서 이러한 그리스도의 승천 후 신분과 연합하는 세 번째 단계(Ⅲ단계)를 묘사한다.

하나님께서 어떻게 제자를 사도적 모습으로 변화시키셨는가를 보기 위해서 웨일즈 지역의 중보기도자였던 리즈 하월즈의 삶을 반드시 읽어볼 필요가 있다고 생각한다. 하나님께서는 리즈의 삶에서 다른 어떤 것도 성령님과 비교될 수 없는 경지에 이르도록 철저하게 사로 잡으셨고, 마침내 그는 중보기도자로서 위대한 사역에 꼭 맞는 사람이 되었다.

그래서 우리는 첫 번째와 두 번째 신분을 귀중하게 다룬 것처럼 세 번째 신분에도 상당한 무게를 두어야 한다. 예수님께서 말씀하신 것처럼 우리는 '비용을 계산한다'. 우리는 '내가 그것에서 무엇을 얻을 수 있을까? 나는 어떻게 되나? 또는 '내가 원하는 사람이 될 수 있을까?'와 같은 기준으로 더 이상 인생을 평가할 필요가 없다는 사실을 직시해야 한다. 이런 신분을 직시한다면 어떤 상황이 '발생'할 때도, '이건 불공평한 일이야. 도대체 나에게 왜 이런 일이?'라고 더 이상 말하지 않을 것이다. 그렇다! 비록 지금 이 순간에는 우리 눈으로는 이해할 수 없을지라도, 이것들을 통해 다른 사람들을 향한 사랑과 구원의 목적을 이루시는 하나님의 관점에서 그 모든 것을 보게 된다.

우리 눈으로 당장 볼 수 없다는 점에서 아쉬운 점이 있긴 하지만, 셋째 단계가 주는 긍정적인 측면은 굉장하다. 너무 놀라워서 우리 인간적인 관점으로는 환상적으로 보이기도 한다. 긍정적 측면은 예수께서 성령충만에 관하여 가르쳐 주셨던 것이다. 성령충만은 우리의 갈급함이 성령님으로 완전히 채워지고 충만한 상태가 유지되는 것만이 아니라, 예수께서 '너희 믿음을 더 확장시키라'고 말씀하신 것을 의미한다. 성령님은 단지 '너희'만을 채우시기 위해서 오신 것이 아니라, '너희'의 충만함이 '다른 사람'을 채우도록 하기 위해서 오신 것이다. 즉 이제 너희 안에 계시는 성령님은 '너희로부터' 흘러나오는 생수의 강이다. '나를 믿는 자는……그 배에서 생수의 강이 흘러나오리라' (요 7:38).

하지만 우리가 그리스도와 연합했다는 사실을 잊어버리고 인간인 우리 자신을 본다면 생수의 강은 결코 흐르지 않는다. 그 순간에 이것은 단지 우스갯소리가 되어 버린다. '강이……나를 통해서?' 하지만 다시 한 번 말하지만, 유일한 한 가지 방법이 있다. 바로 믿음이다! 나의 셋째 단계로의 첫 진입은 청년시절 콩고를 향한 부르심에 순종하면서 나아가기 시작할 때였다. 나는 주저했었고, 생수의 강이 나에게서 흐를 수 있다는 것은 아무리 생각해도 가당치 않아 보였다. 그 당시 나는 정말로 믿고 있긴 했지만, 예수님께 '주님, 내가 믿나이다 나의 믿음 없는 것을 도와 주소서'라고 말했던 남자와 상당히 흡사했다. 그래서 나는 주님께 말했다, '주님 이 말씀을 믿습니다. 적어도 진흙 섞인 물방울이라도 흐르게 해주세요!' 하지만 나는 정말로 믿고 있었다! 그리고 주님은 내가 구하거나 생각했던 것 이상으로 이루어 주셨다. 그러므로 믿으라! 요한복음 3장 16절의 구원과 갈라디아서 2장 20절에서 말하는 연합함을 믿는 것은 조금도 다르지 않다. 이성적으로 이해가 안 되더라도 내가 했던 것처럼 그곳에 서라. 하지만 반드시 기억해야 할 것은, 믿음은 바라는 것들의 실상이다!

이제 우리는 믿음의 아버지요, 보내심 받은 자요, 그리스도의 종이요, 동역자요, 사명자요, 중보자이다. 그리고, 성령께서 이것을 우리에게 인쳐 주신다. 예수님께서 누가복음 14장 28절에서 말씀하시는 것처럼 일련의 '비용을 계산하는' 작업이 필요하다. 그것은 우리가 십자가에 나아가고 그곳에 자리를 잡는 것처럼 자진해서 십자가를 지는 것이다(또한 유지하는 것). 이것은 이제 다른 사람을 위해서 십자가를 지는 것이다.

S.D. 고든(S.D. Gordon)은 '기도는 전투이다. 예배는 단지 전리품을 줍는 것이다.'라고 말했다. 스튜어트 로빈슨(Stuart Robinson) 목사는 『Praying the Price』란 제목으로 책을 저술하였다. 이것은 노먼 그럽이 언급하고 있는 '사도적' 사역의 핵심과 비용을 한 마디로 정의한 것이다. 우리가 성령님의 전략을 알지 못하면 우리가 하는 작은 사역들은 계란으로 바위를 치는 것처럼 거의 성과가 없을 것이다.

07
하나님 나라 기도의 세 가지 유형

chapter 07
하나님 나라 기도의 세 가지 유형[9]

섹션 A: 전략적 기도
신약성경 인물 – 군사

군사들에게 있어 가장 필수적인 요소는 내려놓음 전략을 이해하고 전적으로 따라야 한다는 것이다. 얼마나 많은 교회 장로들과 집사들이 하나님께서 그들의 공동체를 위하

---

9) 역자주: 성경인물은 군사, 제사장, 왕, 예언자로 나눌 수 있는데, 이 책에서는 3가지 요소를 비교하여 다루고 있다.

여 주시는 전략을 기다리는 법을 배워왔는가? 대부분의 노력은 하나님의 이끄심을 기다리는 것이 아니라 단순히 아이디어에 대해서 논의하는 것이다.

1938년 쓰여진 잡지 기사를 보면, 노먼 그럽은 본부 선교사들과 후보자들이 하나님께서 그분의 목적을 깨닫게 해 주시기를 기다리면서 아침마다 모였던 WEC의 초기 모습을 그리고 있다. 그럽은 특정 국가의 미전도 종족들에 대한 조사와 같은 어떤 상황에 대한 문제를 멤버들 앞에 내놓곤 했다. 그런 다음, 성경 말씀을 보면서, 하나님의 사람들은 성령님에 의해 어떻게 인도하심을 받았는가에 대해 읽은 후에 그는 "이제 이 부족에 대해 하나님께서 우리에게 무엇이라고 말씀하는 것 같습니까?"라고 묻곤 했다. 좀 더 자세하게 설명을 하고 토의를 거친 후, 앞으로 나아가야 할 행동 방향에 대해 성령님의 인도하심을 추구하면서 그 문제를 주님 앞으로 가져갔다. 매번 그들은 앞으로 무엇을 해야 할지 확신에 차서 일어나곤 했다. 돈이나 인맥, 비자 문제 같은 것을 묻는 것이 아니었다. 단지 "성령님께서 우리에게 주시는 말씀은 무엇일까?"였다. 이것이 WEC을 급속도로 성장하게 만든 동인이었다. 1931년 안쓰럽고, 작고, 지친 35명이 모인 단 하나의 필드와 파송본부가 전부였던 WEC 선교회는 성장하여

30년 안에 수십 개의 필드와 수백 명의 사역자를 가진 단체로 성장했다. 다음은 기사 내용 중 일부이다.

'성령님께서 우리의 영과 직접적으로 대화하심으로 인도하시고, 이는 성경 말씀에 벗어나지 않는다는 것은 주목할 일이다. 기록된 하나님의 말씀은 그의 백성들에게 일반적인 지침서가 된다. 성경은 영감으로 쓰여진 것으로 그리스도인이 걸어가야 할 삶의 원칙을 확실하고 명확하게 드러내 준다. 만약 개인적으로 받은 말씀이 성경과 다르다면 이것은 잘못된 원천에서 온 것이다. 때로는 성령님은 특정한 성경 구절을 매개체로 하여 말씀하시기도 한다. 하지만 그럴 때조차도 받은 말씀 구절을 성령으로 인해 주어진 상황에 적용할 때만이 그것은 우리의 지침서가 된다. 말하자면 글자에서 마음으로 도약하는 것이다. 성령님은 우리를 인도해 주신다. 성령님께서 이끄시는 인도는 항상 성경 말씀과 완전히 일치해야 하며, 때로는 성경 구절이 될 수도 있지만, 그분은 바로 내주하시는 성령님이시다.

우리는 올바르게 마음의 지위를 인식하고 활용해야 한다. 마음은 유익한 종이지만, 최종 중재자는 아니다. 인간의 이성을 왕좌의 권위로 높이는 것은 '이 세상의 지혜자'가 되는 죄를 범하는 것이다.

우리는 상황을 철저히 점검해보면서, 가능한 모든 것에 대해 알아보며, 성경 말씀으로 조명해보기도 하지만, 결국 결정을 내리지 못한다. 결정은 우리 안에서 증거하시는 분에게서 나오기 때문이다. 우리가 할 수 있는 최선책은 갖가지 사실들로 쌓여 있는 우리의 마음을 주님께 가지고 가서 이 모든 것들을 내려놓는 것이다. 모든 것을 다 잊어버리라는 것이 아니라, 우리의 초점을 수정하는 것이다. 그동안 문제에 집중하고 있었다면 이제는 해결자이신 그분께 시선을 고정하는 것이다. 우리의 눈이 하나로 모아질 때, 우리의 몸은 빛으로 가득 찬다.'

전략적인 기도 시간에 대한 성경의 예는 사도행전 13장 1-3절에서 볼 수 있는데, 이로 인해 선교사 단체가 처음으로 세워진 것을 볼 수 있다.

아시아에서 가스펠 방송을 위주로 사역하는 한 선교단체는 한 이슬람교도 지역으로부터 편지 한 통을 받게 되었는데, 그 당시로서는 아주 드문 반응으로, 이러한 무반응 현상은 얼마 전까지도 계속되었다. 하지만 최근에 들어서면서 갑자기 수많은 응답 편지들이 쇄도하고 있다. 그 후 그들이 알게 된 사실은 파송국가에 있는 대형 교회에서 그 지역의 영적인 필요를 듣고 영적 돌파구를 열기 위하여 교회 성도들이 함께 마음을 합하여 체계적이고 강력한 기도를 시작했고 이러한 변화가 나타났다는 것이다.

스페인 중심부 복음화에 부담을 느끼고 있었지만 거의 결실을 거두지 못하고 있었던 선교단체가 있었다. 그들은 매주 금요일 오후에 모여 하나님께 권위 있는 기도를 드리면서 열매 맺을 수 있는 전략을 보여 달라고 계속 기도했다.

곧 얼마 지나지 않아 노방전도에 모습을 드러내거나 가정 모임에 나타나는 젊은이들의 대다수가 마약 중독자라는 사실을 알게 되었다. 성령님께서 마약중독자 재활 사역으로 자신들을 이끌고 계신다는 것을 깨달을 수 있었다. 하나님께서는 기적적인 방법으로 건물과 사람들을 보내 주셨다. 이제 스페인에 있는 '베텔' 사역('Betel' Ministry)에는 49개의 센터가 있으며, 이를 시작으로 같은 운동이 멕시코, 미국, 영국, 독일, 프랑스, 포르투갈, 이탈리아로 뻗어 나가고 있다 (『Rescue Shop Within a Yard of Hell 과 Rescue Shop II』 (크리스천 포커스 출판, 스코틀랜드)).

섹션 B: 중보기도
신약성경 인물 – 제사장

군사들이 하나님의 전략을 알고 수행하는 것에 대하여 관심을 가지는 것처럼, 제사장은 사람과 함께 행하지만 하나님과 친밀한 관계를 유지하면서 둘 사이에 중재자로 서서 기도하는 중보기도자의 역할에 관여한다. 그들의 특징은 다음과 같다.

공감 진심 어린 마음과 상상력으로 기도하고 있는 대상과 같은 감정을 느낀다. 바울은 동족인 유대인에 대한 큰 부담감으로 그의 형제 즉 골육이 그리스도의 필요에 눈을 뜬다면 자신은 기꺼이 저주를 받겠다고 말했다(롬 9:3).

지속성 기도가 응답 받을 때까지 '포기하지 말고 끝까지 버티는' 능력 (아말렉과의 전투 당시 산에서의 모세 참조, 출 17장).

간절함 성령께 이끌리어 하는 자발적인 강렬한 기도. 골로새서 4장 12절에 묘사된 에바브라의 골로새 신자를 위해 '힘쓰고 애써서' (그리스어–고통스러운)하는 기도. 같은 어근인 – agonia–가 겟세마네 동산에서 땀이 땅에 떨어지는 핏방울이 될 때까지 간절히 기도하시는 예수님께 사용되고 있다(눅 22:44).

책임감 중보기도자는 다른 사람에 대한 책임을 받아들인다는 면에서 일반적으로 기도하는 사람과 다르다. 그는 주님께서 거두시기 전에는 위임 받은 것을 포기할 수 없다. 모세는 자기가 없는 동안에 이스라엘 민족이 금 송아지를 만든 것을 발견한 후에 하나님 앞으로 나아가서 실제로 다음과 같이 말한다. '제 이름을 지워주시고, 대신 그들에게 다시 한 번 기회를 주십시오'(출 32:32).

사도행전 12장 5-16절은 성경적인 중보기도 시간에 대한 예를 보여준다.

섹션 C: 대적기도
신약성경 인물 – 왕

왕의 신분이 지니는 최고의 특성은 권위이다. 신약성경는 여러 곳에서 우리 신자들은 권위를 부여 받은 신분으로 어둠의 세력에 대항할 수 있다고 가르치고 있다. 이것은 십자가 사건과 부활로 인한 사탄의 패배에 근거를 두고 있다. '그들은 어린 양의 피로 인하여 그를 이겼다'(계 12:11). '하나님의 아들이 나타나신 것은 마귀의 일을 멸하려 하심이라'

(요일 3:8). '……죽음을 통하여 죽음의 세력을 잡은 자 곧 마귀를 멸하시며'(히 2:14).

요한복음 14, 15, 16장에서 예수님은 일곱 번이나 제자들에게 그의 이름으로 기도하라고, 즉 위임 받은 권위를 가지고 기도하라고 권면하신다.

영국의 많은 그리스도인들은 서아프리카에 있는 부르키나파소에서 사역하는 동료들로부터 소름 끼치는 얘기를 들었다. 어떤 부족의 청년들은 이교도 입회 의식을 통과해야 하는데, 일단 이 의식을 통과하게 되면, 이 과정 중에 만나게 되는 악의 세력이 너무나 강력해서, 그 후에는 그들에게 복음을 전하는 것이 사실상 거의 불가능해진다는 것이다. 그 얘기를 듣고, 한 팀이 이러한 사탄의 힘에 대적하는 권위 있는 중보기도 시간을 갖기로 결정했다. 다음 번 의식이 진행되기 전에 의식에 관여하고 있던 족장 중 두 명이 개종했으며, 게다가 다른 두 사람이 사망하게 되자 정부가 개입하게 되면서 한 달 동안 진행되었던 의식은 단지 며칠로 축소되었다. 아직 완전한 승리는 아니지만, 그때까지 만연했던 관행에 놀라운 진보를 가져왔다.

노엘(Noel) 목사와 필 깁슨(Phyl Gibson) 여사는 시드니에서 사탄의 공격과 침략을 당하는 그리스도인들을 돕는 굉장한 사역을 하고 있다. 그들은 저서인 『Evicting Demonic Squatters and Breaking Bondages』(1987년 판) p. 60, 85, 106에서 이 주제를 다루고 있으며 관련된 아래 사건들을 수록하는 것을 허락해주었다.

자신의 95%는 이상적인 배우자라로 생각하는 기혼 여성이 있었는데, 나머지 5%의 실패 영역이 너무 고질적인 것이어서 그녀는 이것이 자신의 결혼생활을 위험에 빠뜨리고 있다고 느꼈다. 부모로부터 영향을 받아 생긴 실패와 연관된 영적 영향력을 파하였을 때, 그녀의 내면에 달콤한 변화가 일어났으며 새롭게 찾은 안정감으로 더 멋진 결혼생활을 하게 되었다.

한 청년을 상담했는데, 자신을 그리스도인이라고 밝힌 이 청년은 자신은 죄를 지은 적이 없다고 말하면서 상담 받는 동안 아주 거만했다. 그의 아버지, 할아버지, 외할아버지, 증조할아버지 모두 견고한 프리메이슨이었다. 이러한 영적 영향력을 파하였을 때, 그 청년은 자신의 참된 영적인 상태에 관하여 하나님을 찾기 시작했다. 나갔다가 12시간 후 돌아온 그는 깨져 있었고 통회하는 심령으로 회개하고 있었다. 비 오듯 울면서 거듭난 그는 즉각적으로 삶의 방식을 바꾸었다.

몇 년 동안 우리는 감사하게도 다양한 국가(동아시아에 있는)에서 온 중국계 학생들을 사역할 수 있었다. 그들은 거의 대부분 1세대 그리스도인으로, 자신들의 문화에 흐르고 있는 불교, 도교, 유교, 조상숭배와 같은 영적 영향력에 의해 속박당하고 지배당하고 있었다. 사역자들을 통해 이 영향력으로부터 자유롭게 된 그들이 보여주는 솔직하고도 따뜻한 마음의 표현은 가히 놀랄 만했다.

위에서 보여주는 각각의 사건에서 관건이 되는 문제는 사탄에 대해 행하는 상담자의 '권위'였다.

성경에서 볼 수 있는 대적기도 모임의 예는 사도행전 4장 18-31절에서 발견된다. 축사의 예는 사도행전 16장 16-18절에서 볼 수 있다.

우리들이 하는 기도는 너무나 빈번하게 요청하고 바라는 수준에 머물러 있는데, 우리의 기도는 인식-믿음-받음 단계로 들어가야 한다. 아래의 표는 우리가 통상적으로 '일반' 기도라고 부르는 것과 '왕좌'의 기도를 비교한 것이다.

일반 기도가 틀렸다는 것이 아니다. 우리가 하는 일상적인 기도는 대부분 이러한 성격을 띨 것이다. 하지만 필요

	일반 기도	왕좌 기도
1	요청한다	받는다(마가복음 11:24)
2	희망한다	믿는다(마가복음 11:24)
3	간청한다	찬양한다(로마서 4:20)
4	확신하지 못한다	안다(골로새서 1:9)
5	이성을 사용한다	권위를 가진다(요한복음 14-16)
6	원함(열망)에 근거를 둔다	약속의 말씀에 근거를 둔다(히브리서 11:13)
7	문제/어려움에 초점을 둔다	영적 전쟁을 이해한다(마태복음 12:29)
8	왕좌에 청원하다	왕좌의 권위로 천명한다(골로새서 3:2)
9	당면한 문제에 한정된다	전략적으로 접근한다
10	하나님을 설득하려고 한다	하나님과 협력한다(사도행전 4:29-31)

한 상황에 부닥치면 우리는 믿음으로 권위 있고 확신에 찬 기도의 자리로 깨어 나아가야 한다. 특히 반대나 복음에 대한 저항, 사탄의 여러 가지 형태의 공격에 직면할 때는 더욱 그렇다.

주님 나라의 확장을 위하여 영적 전쟁을 수행할 준비가 된 그리스도인이 사용할 수 있는 무기(자원)는 정확히 무엇인가? 여기에 간단히 요약해 놓은 것이 있다!

1. 그리스도의 보혈 (히 2:14-15, 계 12:11)

2. 예수님의 이름 (행 3:16, 16:18)

3. 이기는 믿음 (요일 5:4)

4. 성령의 검 (엡 6:17, 히 4:12)

5. 4번의 성령의 검을 제외한 각 부문 전신갑주 (엡 6:12-17)

6. 모든 종류의 기도 (엡 6:18)

7. 신자들의 하나됨 (행 4:32)

기도 유형	핵심개념	믿음의 수준	성경인물	목표	성경의 예
전략 기도	하나님을 기다림 하나님의 뜻 인식 하나님과 동역	창조적인 믿음	군사	하나님 나라의 확장	안디옥교회 사도행전 13 바울 사도행전 16:9
중보 기도	책임감 지속성 간절함 공감	청구하는 믿음	제사장	하나님의 중재	예루살렘교회 사도행전 12 에바브라 골 4:12
대적 기도	적을 인식 저항 무기(자원)에 의존 (이전 페이지 참조) 사탄의 힘을 폐함	정복하는 믿음	왕	사탄을 축출	예루살렘교회, 사도행전 4 바울, 사도행전 16:18

08

연합의 삶으로

chapter 08

연합의 삶으로

　우리는 이러한 진리를 경험하면서 살고 있는가? 우리의 생활 방식은 어떤가? 예수님께서는 요한복음 8장 32절에서 진리가 너희를 자유케 한다고 말씀하셨다. 하지만 이것은 오직 우리가 진리와 '혼인'할 때만 그러하다. 즉 우리가 그 개념을 실제적으로 받아들여서 삶의 모든 상황 속에 그것들을 적용할 때만 가능하다.

　많은 사람들에게 계시의 순간은 직면하는 순간이 된다. 값비싼 대가를 지불해야 하기 때문에, 혹은 내 형편과 잘 맞지 않기 때문에, 아니면 너무 급진적이기 때문에 이것을 그만 둘 것인가? 아니면 뛰어들 것인가?

여기에 그리스도와의 연합이라는 진리를 받아들여서 급진적으로 삶이 변한 사람들에 대한 세 가지 이야기가 있다. 익명성을 보장하기 위해 가명을 사용했다.

힐다는 중앙아시아에서 선교사로 섬기고 있었다. 5명으로 이루어진 팀으로, 금지된 땅에 들어가서 의료 서비스를 제공하면서 그곳 사람들에게 복음을 전하는 것이 그들의 목표였다. 다음 글은 그녀의 개인적인 이야기이다.

나에게 유일한 실제적 문제는 동료인 마리온과 잘 지낼 수 없다는 것이었다. 그녀가 하는 모든 것이 나를 짜증나게 했다! 하지만 나는 주님께서 그녀를 쓰고 계신다는 것을 알고 있었다. 그녀는 거친 이교도인이든지, 일반 그리스도인이든지, 선교사든지 할 것 없이 사람들을 주님과 새로운 혹은 더 살아있는 깊은 관계를 갖도록 이끄는 데 사용되고 있었다.

그나마 다행히 얼마 동안은 아무 일 없이 평화로운 나날을 보낼 수 있었다. 하지만 나는 결국 폭발하고 말았으며 마리온을 변화시키고 그녀의 실수를 바로 잡으려고 했다. 물론, 뒤따르는 것은 눈물과 후회, 그리고 용서를 구하는 것이었다. 성경의 가르침대로 '빛 가운데 행하는 것'(요일 1:7)의 가치를 알고 있었지만 같은 문제가 계속해서 내 안에서 쌓여갔다. 나 자신이 싫었다. 다른 사람을 탓할 수도 없었다. 나의 반응이 문제였다. 심지어 선교지를 떠나는 것에 대해서도 생각해보았지만, 내가 그대로인 이상 어디로 가든지 결국 같은 문제가 생길 것은 뻔한 일이었다.

고향에서는 영적인 버팀목 역할을 해주면서 영성을 고무시키는 뜨거운 성도들의 모임이 있었다. 거기서는 내가 다소 영적인 사람 같았다. 하지만 아무것도 없는 이곳에서는 내게 영성이라는 것은 거의 남아있지 않은 것 같아 보였다. 어느 날 리더가 잠깐 얘기하자고 불렀을 때가 결정적인 순간이었다. 그는 말을 꺼냈다, "힐다, 우리는 팀을 국경선 쪽으로 보내려고 합니다. 우리가 나아가야 할 다음 단계 사역입니다. 엘리자베스와 마리온을 보내는 것이 최선책 같네요. 당신은 임신한 제 아내와 함께 이곳에 머물러 주셨으면 합니다. 저는 일이 있어 한 달이나 두 달 정도 멀리 떠나 있어야 해서요. 될 수 있는 대로 빨리 돌아오죠. 이러한 관계문제 때문에, 당신을 새로운 지역으로 보내는 것은 바람직하지도 좋지도 않을 것 같아서요."

나는 홀로 내 방으로 갔다. '결국 이거란 말인가!' 나는 묵상했다. '주님과 함께 큰 일을 하려던 내가 산도 아니고 험한 기후나

강도 떼도 아니고 정부의 허가를 못 받아서도 아닌데, 단지 나 자신 때문에 못 나간다는 게 말이나 되는가! 결국 나는 주님께 유용한 도구가 되기는커녕 골칫거리 짐 덩이구나!

주님의 변함없는 유머감각은 나의 이 사건에도 적용되었다. 마리온이 나를 돕도록 하신 것이다. 어느 날 마리온이 내게 왔다. 우리는 겨울 옷을 잔뜩 껴입고 뒤뜰로 나갔다. 그녀가 말을 시작했고, 나는 모든 말들이 주님께서 나에게 하시는 말씀이라는 것을 즉시 깨달을 수 있었다. "당신은 당신에게 어떤 쓴 뿌리가 있어서 이런 반응을 일으키는지 찾기 위해 자신을 점검하고 있어요. 하지만 당신은 자신을 내려놓지 않은 채 주님과 함께한 이전 경험들 안에서 그것들을 다루고 있어요. 지금 당신의 문제는 당신의 '좋은 자아'입니다."

"뭐라고요!" 나는 소리쳤다, "어떻게 '좋은' 것이 '나쁜' 것이 될 수 있다는 말인가요?"

"글쎄요, 당신은 선천적으로 강한 자질과 타고난 인간애를 가지고 일하고 있어요. 하지만 이런 좋은 본성도 인간이 타락했을 때 오염된 것이지요. 당신은 성경에서 '육신'에 속한 것이라고 말하고 있는 것으로 일하고 있어요, 바로 옛 본성요. 하나님께서는 그분의 목적을 이루시기 위해 그것을 쓰시지 않아요. 주님께서는 하나님의 영으로 태어난 것만 사용하셔요. 그분은 당신에게 둘 사이의 차이점을 가르치고 계셔요."

나는 그녀가 옳다는 것을 알았다. 하나님께서는 내 영에 그것을 조명해 주셨다. 그녀는 계속해서 말했다, "예수님은 또한 이 본성을 위하여 십자가에서 죽으셨지요. 로마서 6장에서 말하는 것처럼 예수님의 죽으심은 우리 내면과 외부에 존재하는 우리의 모든 적들을 포함하고 있어요. 그분은 우리를 자유케 하기 위해 그것들 전부를 다루셨어요. 우리의 죄뿐만 아니라 타락한 본성과 모든 다른 적들을 다루셨어요. 당신은 옛 자아와 이전에 취했던 방법과 선호에 완전히 죽어야 합니다. 당신은 그것을 주님께 드림으로, 그분께서 그것 모두를 죽게 하도록 해야 합니다. 아무도 자신을 십자가에 못 박을 수는 없습니다. 하지만 당신과 나는 그분과 함께 십자가에 못박혔지요, 잠재적으로, 2000년 전에요. 그것을 믿고, 포기하고, 항복하고, 그분께서 우리를 위해 이루신 모든 것을 받아들이세요. 하나님께 쓸모 있는 것은 성령님에 의해서 우리 안에서 그리고 우리를 통해서 역사하시는 그분의 아들뿐입니다. 다른 모든 것들에 죽어야 합니다."

그래서 나는 '나쁜 자아'뿐만 아니라 '좋은 자아'에 대한 모든 사실들을 적어 나가기 시작했다. 그런 다음 종이 저편 아래 쪽에 갈라디아서 2장 20절, "내가 그리스도와 함께 십자가에 못 박혔으니," 말씀을 휘갈겨 썼다. 그것은 주님과 맺는 사무적인 거래였다. 근원적인 쓸쓸함이나 회개 같은 것은 없었다. 하지만 나는 하나님의 때라는 것을 알았다. 그분은 진지하셨고, 나도 역시 확실히 진지했다. 우리는 그것에 합의했다! 나는 하나님께서 그분께서 하실 부분을 하신다는 것을 믿어야만 했다. 내가 할 역할은 발버둥치는 것을 멈추고, 주님께서 이미 이루신 것을 온전히 믿는 것이었다.

'어떻게 되었는가?'

다음 날 아침 식사 중에, 누군가가 나에게 멋진 잔디로 뒤덮힌 무덤에 세워져 있는 묘비를 그린 그림을 건네 주었다. 묘비에는 "힐다는 죽었다"와 어제 날짜가 적혀 있었다. 나는 마귀가 내가 죽었다는 것을 잊어버리도록 시도하려는 경우에 이를 물리치는 데 사용하려고 그림을 잘 보관해 두었다!

'오래지 않아 마귀는 내가 죽었다는 것을 잊게 하려고 시도했다' 마리온이 또다시 내가 싫어하는 짓을 했고, 내 오래된 그 감정이 다시 수면으로 떠올랐다. 마리온과 계속 같이 있을 자신이 없어서, 방으로 도망쳐 나온 나는 무릎을 꿇고 골로새서 3장 3절인 '나는 죽었고 나의 생명이 그리스도와 함께 하나님 안에 감추어졌음이라'를 중얼거리기 시작했다. 나는 심각했고, 하나님도 그러하셨다. "내가 더 이상 이런 식으로 행동하면 안 되잖아. 옛 본성은 내가 아니란 말이야!" 나는 울부짖었다. 갑자기, 바늘로 찔린

풍선이 바람 빠지는 것처럼, 이 모든 끔찍한 감정이 증발되었다. 나는 내가 다시 마리온을 사랑한다는 것을 알았다. 결국 이것이야말로 내가 마리온에게 느끼는 진정한 감정이었다. 나는 한 번도 그녀가 아프기를 원했던 적이 없다, 단지 개선되기를 바랐을 뿐이다! 정말 다행이었다! 정말로 뭔가가 작용했었다. 사실, 그것은 매 순간 작동했다. 하지만 내가 다른 방법들을 시도했었다면, 그것들은 전혀 작용하지 않았을 것이다.

곧 너무도 달콤하고 영광스러운 새로운 사실을 깨닫게 되었다, "그것은 바로 '내 안에 계신 영광의 소망이신 그리스도!'라는 것을요. 정말로 내 안에서 일하시는군요! 내주하시는 주님께서 이 모든 일을 할 수 있다는 것을요, 그분은 정말로 하실 수 있어요. 그분의 뜻을 이루시기에 필요한 어떤 것도 심지어 내 안에서 하실 수 있다는 것을요. 내가 할 일은 단지 그분께서 일하실 수 있도록 방해되는 길목에서 비켜서기만 하면 된다는 것이죠."

다음은 선교 행정사역에서 막중한 책임을 수행하고 있는 또 다른 사역자의 글이다.

공군에서 '2년' 복무 후에, 은행 업무로 복귀한 나는 그리스도인이 되었으며, WEC과 선교로 부르심을 받았다. 나는 글래스

고에 있는 선교사훈련대학(MTC, Missionary Training College)에 들어갔다. 복음적인 배경이 전혀 없었던 나는 성경훈련이 정말로 필요했다. 나는 때때로 여러 학파의 다른 신학적 견해들을 듣게 되면서 혼란스러웠는데, MTC의 도움을 많이 받았으며, 그리스도와 함께 죽는 것, 나의 옛 자아에 대해 죽는 것, 성령 충만함을 아는 것, 성화된 삶을 사는 것이 의미하는 바를 이해하기 시작했다. 하지만…… 나는 단지 얕은 물에서 첨벙거리고 있었다. 노먼 그럽이 몇 차례 방문했을 때, 그는 내게 그 이상의 훨씬 더 많은 것들이 있다는 것을 보도록 고무시켰지만, 그가 떠난 후 나는 가르침에 많이 감사하고는 있었지만 거의 그것을 경험하지는 못했다!

로마서 12장 1-2절을 통해서, 나는 한 발자국 더 나아갔다. 하지만 부끄럽게도 다음 20년 동안 리더십 지위에 올랐음에도 불구하고 나의 경험은 단지 상승과 하강을 계속적으로 반복하고 있었다. 겉모습을 보는 사람들은 내면의 갈등, 자기 노력, 사람들의 기대치에 나를 맞추려고 노력하는 내 진짜 모습은 보지 못했다.

넓은 지역을 담당하는 권역책임자로, 너무 많은 일을 감당케 하시는, 그리고 내가 준비되지도 재능이 있지도 않은 일을 하게 하시는 하나님을 원망했었다. 어려운 면담과 같은 사건들은 나를 안으로 꼬이게 만들었다. 결국 이것은 큰 집회가 곧 개최될 나라에서 사역하고 있을 때 겉으로 드러났다. 내 계획은 이 행사를 보면서 멋진 사진을 찍는 것이었다. 하지만 알게 된 현실은 내가 연사/복음전도자라는 것이었다! 두려워하는 상황이 온 것이었다. 당시 나는 매일 RSV[10] 성경으로 말씀을 읽고 있었는데, 행사 이틀 전 말씀이 고린도후서 5장 20절이었다. '그러므로 우리가 그리스도를 대신하여 사신이 되어 하나님이 우리를 통하여 너희를 권면하시는 것 같이' '권면' 이라는 짧은 단어가 나를 사로잡았다. 그것이 바로 내가 두려워하던 것이기 때문이었다. 아마 누구도 나의 권면에 반응하지 않을 것이며, 나의 부적합함이 다시 드러날 것이다! 지난 몇 달 동안 노먼 그럽이 쓴 『Who Am I?』를 읽었다. 나는 세 번째로 다시 이 책을 읽으면서 진리가 나의 머리에서 가슴으로 내려가기를 애쓰고 있었다. 성경책 여백에 다음 인용문을 적어 넣었다. '그러므로 나에게 필요한 것은 더 많이 가지는 것이 아니라 내가 이미 소유하고 있는 것을 깨닫고 진정 소유하는 것, 내가 어떤 사람이 될 것인가 가 아니라 내가 누구인지 아는 것이며, 이것은 획득하는 것이 아니라 인식하는 것이다.'

지금 나는 코너로 몰렸다! 필요한 과정이었다! 나는 무릎을 꿇고, 나의 투쟁을 포기하면서 그리스도께서 정말로 내 안에 사시고 내가 그 안에 산다는 사실을 인정했다. 나는 부족하지만 내 안에 사시는 그분은 완전히 합당하신 분이라는 사실을, 나는 사

---

10) 역자주: Revised Standard Version, 영어 개역표준역

랑이 없지만 그분은 나를 통해서 사랑할 수 있다는 사실을.

내가 설교하려고 일어섰을 때, 3,000명의 청중들에게서 오는 강한 반응은 더 이상 문제가 안 되었다. 하나님께서 그의 '권면'을 나를 통해서 하실 것이기 때문이다.

본부로 돌아온 후, 나의 변화에 대해 아내는 새로운 남편이 생겼다고 공공연하게 말했다! 아내가 달라진 남자와 사는 것에 편안해 한다면 나도 당연히 그렇다! 그 후 20여 년의 기간은 모든 면에서 완전히 달라졌다. 단지 그전에 그렇게 많은 세월을 허비했던 것을 후회할 뿐이다. '연합(union)'을 이루는 것이 나의 사역의 중심 기둥이 되었다. 과거 나는 광적인 '행위자(do-er)'이었다. 이제 나는 처음으로 '존재자(be-er)'가 되었다. '행위'는 그 뒤에 나와야 한다. 이제 나는 내가 누구인가 알고 있다. 내(혹은 다른 사람)가 어떤 사람이 되어야 한다고 생각하는 사람이 아니다!

다음은 동남아시아에서 수년 동안 영향력 있는 사역을 하고 있는 또 다른 선교사가 나누는 간증이다.

나는 신학대학을 졸업할 때 한 가지 열망이 있었다. 위클리프 언어 과정을 마치고 곧장 선교 현장으로 나가는 것이었다. 하지만 아버지께서 편지를 보내셨다, "주님께서 너를 얼마간 다시 농장으로 부르실 것 같구나." 농장으로 돌아가는 것은 내가 가장 하고 싶지 않은 일이었다. 하지만 그날 주님은 하박국 2장 3절을 통해 말씀하셨다, "이 묵시는 정한 때가 있나니……비록 더딜지라도 기다리라."

농장으로 돌아가서 아버지가 매입하셨던 농장에서 혼자서 일했다. (아버지는 그때 도시에서 살고 있었다.) 나는 진리의 실재를 찾고 있었기 때문에 매일 밤마다 저녁 식사를 마친 후 새벽 1시까지 성경을 읽고 또 읽었다.

물론 용서 받았다는 것을 알고 있었으며, 정결케 하시는 보혈의 능력도 알고 있었다. 하지만 나는 죄, 고백, 처절한 싸움, 다시 죄에 빠짐이라는 반복되는 고리 안에 있었다. 바로 그때 주님께서 그리스도와의 연합이라는 놀라운 진리를 보여주시기 시작했다.

나는 워치만 니(Watchman Nee)가 쓴 『The Normal Christian Life』, A.J. 고든(A.J. Gorden)이 쓴 『In Christ』와 L.E. 맥스웰(L.E. Maxwell)의 저서인 『Born Crucified』를 읽었지만, 나에게는 뭔가 파악할 수 없는 것이 있었다. 나는 정말로 로마서 7장 안에 있었다. 그러던 중 에베소서 1장에 나오는 바울의 기도를 보게 된 나는 매일 그것을 기도하겠다고 결심했다. "주님, 그리스도를 아는 지식으로 지혜와 계시의 정신을 나에게 주사 나의 마음 눈을 밝히사……"

어느 날 아침 그리스도의 사망과 무덤에 놓이신 그의 몸에 대하여 읽고 있었다. 주님께서 부드럽게 내 영에 속삭이셨다. (매우 고요한 순간이었고, 나는 경외감에 휩싸였다. 마치 시간이 멈춘 것 같았다.) "그리스도가 정말로 죽으셨는가?" "네, 주님, 예수님은 정말로 그랬어요." "너도 그렇단다. 왜냐하면 그분께서 사망하실 때 네가 그분 안에 있었기 때문이란다. 갑자기 내 눈이 열렸다. 나는 보았다. 나는 그에게 도달하기 위해서 몸부림칠 필요가 없었다. 나는 이미 그분 안에 있었다. 나는 그분 안에 거하는 것을 배워야 했다. 나는 그리스도와 함께 죽었다. 나는 그리스도와 함께 묻혔다. 나는 그리스도와 함께 들림 받았다. 나는 천국에서 그리스도와 함께 앉았다. 그리고 이것은 영적 전쟁의 전체 영역을 열었다.

그리스도는 나의 죄만을 다룬 것이 아니라, 죄인인 나를 다루셨다. 그분은 사탄을 물리치셨다. 이제 나는 어둠의 세력을 물리치신 권위의 장소에 그분과 함께 앉아 있다.

이것은 다음 30년 동안 동남아시아 사역에 가장 주요한 진리가 되었다.

로랜드 크로처(Rowland Croucher)는 잘 알려진 호주 목사로 동료 목사들을 격려하는 사역을 중점적으로 하고 있다. 그는 많은 그룹의 동료 목사들과 연락을 취하며 이렇게 묻곤 했다, "바울의 설교/글이 주는 핵심 의도는 무엇입니까?"

여기에 답들이 있다.

루터파: 믿음을 통한 칭의

개혁 교회: 하나님의 예정된 은혜

오순절파: 내주하시는 성령님의 권능

근본주의자: 죄에서 구원

웨슬리파/성결파: 성령님의 성화시키는 작업

'위의 모든 교의는 그리스도인과 우주의 위대한 목표인 '그리스도와의 연합'이라는 곳에 이르는 수단으로, 사람들이 그들 자신에게서 끝난다면 그들은 하나님의 백성을 향한 그분의 거룩한 의도에 못 미치는 것이다'라며 크로처는 결론을 맺는다.

하나님의 완전하신 의도를 향하여 나아가자!

Union with Christ
그리스도와의 연합

초판 발행일 2016년 7월 30일

2 쇄 발행일 2018년 6월 15일

지은이 | 스튜어트 딘넨(Stewart Dinnen)

옮긴이 | 김승민

펴낸곳 | 한국WEC국제선교회·코람데오

등록번호 | 등록번호 300-2009-169호

한국WEC국제선교회 | 서울 서초구 언남 11길 7-17 숭진빌딩 4층
  전화 02)529-4552 팩스 02)529-4553
  웹사이트 http://weckr.org
  이메일 info@weckr.org

코람데오 | 서울 종로구 세종대로 23길 54, 1006호
  전화 02)2264-3650~1 팩스 02)22264-3652
  이메일 soho3@chol.com

값 9,000원

ISBN 978-89-97456-49-9 03230

* 잘못된 책은 바꾸어 드립니다.
* 이 책의 복제와 전재와 발췌를 금합니다.